# Genähtes Glück

Sally Walton

# Genähtes Glück

## 20 zauberhafte Ideen

## für Ihr Zuhause

## Eine Anmerkung vorab:

Vintage-Stoffe liegen nicht immer in einheitlichen Breiten vor. Bei den hier vorgestellten Projekten gehen wir von einer Stoffbreite von ca. 1,20 m aus. Um ganz sicher zu sein, dass der Stoff für das geplante Projekt ausreicht, empfehlen wir, das Schnittmuster zum Stoffkauf mitzunehmen und aufzulegen. Falls Sie Ihre Stoffe online bestellen, sollte die benötigte Stoffmenge vorab sehr genau geprüft werden.

# Inhaltsverzeichnis

"PERFECTION"
MENDING SILK

PURE
DYE

SHADE Nº

30 YARDS

# Einleitung

Nähen ist ein bisschen wie Zaubern – aus einem flachen Stück Stoff entsteht im Handumdrehen ein dreidimensionales Objekt. Mit Leichtigkeit fertigen Sie zum Beispiel eine Stofftasche oder ein hübsches Accessoire für Ihr Heim. Es erfordert etwas Zeit und Muße, doch das Nähen ist ein Vergnügen, das uns ein Leben lang begleiten kann.

Es ist noch gar nicht so lange her, da hatten alle Mädchen in der Schule Nähunterricht und die Jungen Werken. Es wäre gelogen, würde man behaupten, dass alle diesen Unterricht geliebt hätten, aber selbst diejenigen, die ihn nicht mochten, lernten auf diese Weise zumindest die Grundlagen der Handarbeit. Dann verschwanden diese Fächer allmählich vom Lehrplan oder wurden höchstens noch als Wahlfächer angeboten. Plötzlich drehte sich im Leben alles nur noch um Tempo, Technik und das Kaufen fertiger Produkte. Der Absatz von Nähmaschinen sank auf einen absoluten Tiefstand, und Handgefertigtes gehörte nicht mehr zum angesagten Stil.

Wer hätte gedacht, dass sich dieser Trend so schnell wieder umkehren würde? Inzwischen boomt der Markt für Nähbedarf, und in den Szenevierteln werden überall Nähkurse angeboten. Im zweiten Jahrzehnt des 21. Jahrhunderts ist Nähen wieder „in"!

Dieses Buch soll Sie dazu anregen, Dinge selbst zu machen, einfach weil es Freude macht, kreativ zu sein und seine eigenen Ideen umzusetzen. Wenn Sie mit dem Nähen gerade erst angefangen haben, nehmen Sie sich zunächst eines der einfachen Projekte vor, wie etwa den Kissenbezug auf Seite 32. Lassen Sie sich Zeit, um alles sorgfältig auszuarbeiten, und lehnen Sie sich anschließend zufrieden zurück, um ihr Werk zu bewundern. Selbst wenn Ihr erster Versuch noch etwas schief ausfallen sollte – auch das ist Teil des Vergnügens und eine Motivation für das nächste Projekt!

S. 32

Genähtes Glück

s. 36

S.40

S. 50

S.54

S.62

S. 66

☞ S.70

S. 74

S. 80

S.84

S. 88

S. 92

S.96

S. 102

S. 106

S. 110

S. 114

**Wohnzimmer**

# Kissenbezug

Ein neues Kissen gibt jedem Raum im Nu ein frisches Aussehen, und eine Kissenhülle wie diese lässt sich sehr schnell und einfach anfertigen. Falls Ihnen Vintage zusagt, sehen Sie sich nach einem alten Vorhang um, wie dem hier verwendeten aus den 1950er-Jahren. Bevorzugen Sie hingegen einen moderneren Look, stöbern Sie in den Stoffresten Ihres örtlichen Stoffgeschäftes.

## ZUSCHNITT:

### KISSENVORDERSEITE
48,5 × 48,5 cm
Einmal aus dem Stoff zuschneiden

### KISSENRÜCKSEITE
48,5 × 33 cm
Zweimal aus dem Stoff zuschneiden

## MATERIAL:

1 m Stoff plus 50 cm extra für die Paspel, ca. 1,20 m breit

2 m Kordel mittlerer Stärke für das Paspelband

46 × 46 cm Kisseninlett (Federn oder Polyester)

Grundausstattung zum Nähen (siehe Seite 122)

## Anleitung:

1 Ziehen Sie für das Paspelband eine diagonale Linie zwischen den Ecken des 50 cm großen Stoffstücks. Im Abstand von 5 cm diagonale Linien anzeichnen und den Stoff in Streifen schneiden. Das Paspelband entsprechend der Anleitung auf Seite 150 anfertigen.

2 Den Stoff für die Kissenvorderseite mit der rechten Seite nach oben legen. Das Paspelband so feststecken, dass die Kordel innen liegt und die offene Kante mit der Stoffkante abschließt. An den Ecken den Stoff wie aus der Abbildung ersichtlich bis an die Kordel wegschneiden.

3 Wo sich beide Enden der Kordel treffen, die Naht der Paspel auftrennen und so viel von der Kordel abschneiden, dass sich die Enden glatt überlappen. Nun die Enden wieder an der Kante feststecken.

4 In die Nähmaschine einen Reißverschlussfuß einsetzen und das Paspelband möglichst nah an der Kordel annähen.

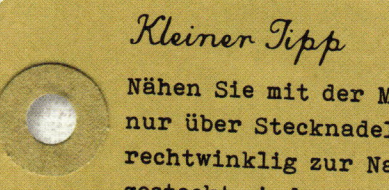

**Kleiner Tipp**

Nähen Sie mit der Maschine nur über Stecknadeln, die rechtwinklig zur Nahtlinie gesteckt sind.

**5** Eine lange Seite jedes Kissenrückseitenteils 2,5 cm nach links umschlagen. Feststecken und bügeln. Die Stecknadeln entfernen, anschließend die offene Kante bis zur Bügelkante umschlagen. Feststecken, bügeln und mit der Maschine nah an der gefalteten Kante absteppen.

**6** Die Kissenvorderseite und die beiden Kissenrückseitenteile rechts auf rechts so aufeinanderlegen, dass die offenen Kanten übereinanderliegen und sich die gesäumten Ränder in der Mitte der Rückseite überlappen. Die Außennaht mit der Außenseite der Kordel-„Wulst" zusammenstecken. Langsam nähen, dafür einen Reißverschlussfuß verwenden und diesen eng an die Kordel drücken. Die Nahtzugaben zurückschneiden und die Ecken nah an der Nahtlinie abschneiden.

**7** Das Kissen auf rechts wenden und bügeln. Das Kisseninlett einschieben.

# Türstopper

Ein Türstopper gehört zu den Dingen, ohne die man wunderbar leben kann – bis zu dem Moment, in dem man einen besitzt und sich rückblickend fragt, wie man nur ohne dieses nützliche Teil zurechtkommen konnte. Der Würfel kann mit Reis, Linsen oder anderen kleinen Körnern befüllt werden. Auch schwerer Sand ist geeignet, muss jedoch in eine Plastiktüte gefüllt werden, damit die Sandkörnchen nicht durch die Nähte rieseln können.

Für eine recht leichte Tür, die keiner Zugluft ausgesetzt ist, muss der Türstopper nicht so groß sein; passen Sie die Größe der Quadrate einfach der gewünschten fertigen Größe an.

## ⊚ ZUSCHNITT:

**1 WÜRFELSEITEN**
Sechsmal aus Möbelstoff zuschneiden

**2 HENKEL**
Einmal aus Möbelstoff zuschneiden

## MATERIAL:

Schnittmusterteile 1 und 2 auf dem Schnittmusterbogen F

50 cm Möbelstoff, ca. 1,20 m breit

5-kg-Sack Reis oder ähnliches Füllmaterial

Plastiktüte (optional)

Grundausstattung zum Nähen (siehe Seite 122)

### Kleiner Tipp

Am besten eignet sich ein dicht gewebter Möbelstoff, denn er ist robust genug, um starker Abnutzung zu widerstehen und die Füllung nicht entweichen zu lassen.

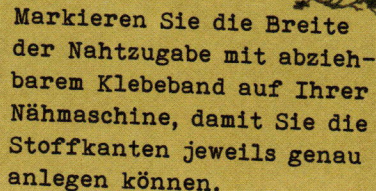

## Kleiner Tipp

Markieren Sie die Breite der Nahtzugabe mit abziehbarem Klebeband auf Ihrer Nähmaschine, damit Sie die Stoffkanten jeweils genau anlegen können.

## Anleitung:

**1** Den Stoff für den Henkel links auf links der Länge nach in der Mitte falten und bügeln. Die langen Seiten 6 mm umschlagen und feststecken, anschließend beide Längsseiten absteppen.

**2** Jeweils die Mitte auf zwei gegenüberliegenden Seiten eines Quadrats markieren, dann jeweils ein Ende des Henkels an der Nahtlinie aufnähen. Dieses Quadrat kommt auf die Oberseite des Würfels.

**3** Rechts auf rechts ein anderes Quadrat mit dem oberen Quadrat zusammenstecken. Beide Quadrate an einer Seite mit 12 mm Nahtzugabe (wie bei allen anderen Nähten) zusammennähen, dabei 12 mm an jedem Ende frei lassen.

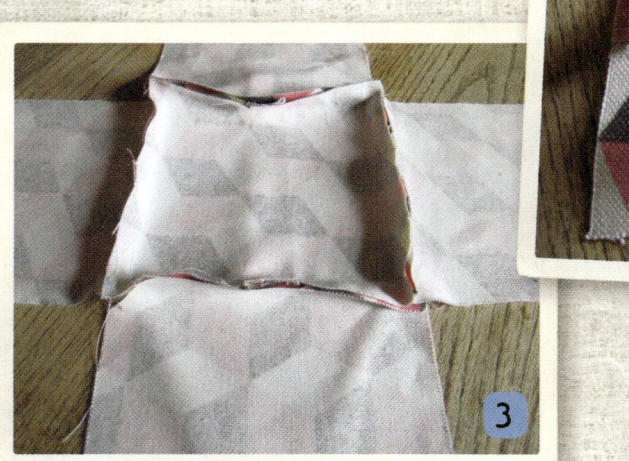

**4** Rund um das obere Quadrat auf diese Weise weitere Quadrate anfügen, dabei darauf achten, an den Ecken immer nur zwei Stofflagen zusammenzunähen und alle Nähte im selben Abstand vom Rand zu nähen.

**5** Das letzte Quadrat unten an drei Seiten annähen. Von jeder Ecke der letzten offenen Naht 5 cm zur Mitte nähen und eine Öffnung für die Füllung lassen.

**6** Nun den Türstopper auf rechts wenden, indem Sie hineingreifen und den Henkel herausziehen, anschließend alle Ecken nach außen drücken, damit saubere Quadrate entstehen. Den Würfel mit Reis füllen und die Naht per Hand mit kleinen, gleichmäßigen Stichen schließen.

*Kleiner Tipp*

Wenn Sie den Reis in einen Krug geben, lässt er sich leichter durch die Öffnung im Türstopper einfüllen.

# Bildschirmhülle

## MATERIAL:

Oberstoff für die Hülle entsprechend den Maßen des Bildschirms

Einfacher Futterstoff entsprechend den Maßen des Bildschirms

Grundausstattung zum Nähen (siehe Seite 122)

In den meisten Wohnzimmern steht der Fernseher an einer zentralen Stelle. Mit dieser Hülle wirkt er weniger dominant: Es ist vergleichbar mit dem Zudecken des Papageienkäfigs, wenn man eine Pause von dem ständigen Geschwätz des Vogels braucht!

Die Hülle eignet sich ebenso gut für einen Computerbildschirm – wer weiß, was Sie alles mit der eingesparten Zeit anstellen können, sobald dieser aus dem Blickfeld verschwunden ist!

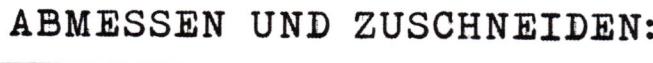

## ABMESSEN UND ZUSCHNEIDEN:

Um die benötigte Stoffbreite zu ermitteln, messen Sie waagerecht die Breite des Fernsehers oder Computerbildschirms und rechnen 2,5 cm als Nahtzugabe sowie die Tiefe des Bildschirms hinzu.

Um die Höhe zu bestimmen, messen Sie senkrecht von unten nach oben bis über die Oberseite und geben 5 cm für den Saum zu. Diese Zahl verdoppeln Sie, und schon erhalten Sie das Längenmaß.

Wenn auch der Fuß des Fernsehers oder Computerbildschirms bedeckt sein soll, rechnen Sie dessen Höhe beim Abmessen mit und verdoppeln das Maß.

Schneiden Sie den Oberstoff und das Futter jeweils einmal in derselben Größe zu.

## Anleitung:

**1** Den Oberstoff rechts auf rechts der Länge nach in der Mitte falten und zusammenstecken. Mit 12 mm Nahtzugabe beide Seiten absteppen. Den Vorgang beim Futter wiederholen. Die Nähte auseinanderbügeln.

**2** Für den Zwickel die Seitennaht am gefalteten Ende flach streichen und die beiden Stofflagen zu einem Dreieck formen.

**3** Dort, wo das Dreieck 12 mm breiter ist als der Bildschirm tief ist, mit der Maschine eine Linie absteppen. Bei der anderen Seitennaht wiederholen. Die Spitzen der Dreiecke abschneiden. Die Schritte 2 und 3 beim Futter wiederholen.

**4** Den Oberstoff auf rechts wenden, das Futter auf links lassen. Nun das Futter so in den Oberstoff stecken, dass die Nähte übereinanderliegen.

**5** Beim Oberstoff und beim Futter 2,5 cm Saum umschlagen und zusammenstecken.

**6** Nah am Rand absteppen, anschließend die Ecken bügeln.

### SICHERHEIT GEHT VOR!

Für dieses Projekt verwenden Sie am besten einen glatten Stoff aus Naturfaser, da er sich weniger statisch auflädt und daher weniger am Bildschirm klebt.

# Aufbewahrungsbox

 **ZUSCHNITT:**

**3 DECKEL DER BOX**

Einmal aus dem Oberstoff und einmal aus dem Futter zuschneiden

**4 SEITEN DER BOX**

Einmal aus dem Oberstoff und einmal aus dem Futter zuschneiden

**DECKEL DER BOX**

21,5 × 36,7 cm

Zur Versteifung einmal aus Karton zuschneiden

**SEITEN DER BOX**

53 × 16 cm

Zur Versteifung zweimal aus Karton zuschneiden

Es gibt einige Dinge, die wir gerne zu Hause haben, jedoch nicht ständig sehen möchten – in diese Kategorie fällt beispielsweise ein Stapel DVDs. In dieser weichen Box können Sie 20 Stück unterbringen.

Der hier gezeigte Entwurf basiert auf einem großen Schuhkarton, die Maße können aber auch auf eine vorhandene Box angepasst werden.

## MATERIAL:

Schnittmusterteile 3 und 4 auf den Schnittmusterbögen A und B

1 m Oberstoff, ca. 1,20 m breit

1 m Futterstoff, ca. 1,20 m breit

Karton

Grundausstattung zum Nähen (siehe Seite 122)

Cutter und Lineal aus Stahl

Schneidematte oder andere sichere Schneideunterlage

 *Kleiner Tipp*

Wählen Sie für dieses Projekt einen schwereren, etwas „gehaltvolleren" Möbelstoff.

## Anleitung:

**1** Auf jedem Kartonteil für die Seiten der Box auf der kurzen Seite 19 cm vom Rand eine Linie zeich-nen. Mit einem Cutter entlang eines Lineals aus Stahl auf einer Schneidematte den Karton leicht einritzen; so lässt er sich an der Ecke sauber bie-gen, ohne durchtrennt zu werden.

**2** Die Kanten an den vier Ecken des Oberstoffs der Box zusammenbringen und zusammenstecken. Mit der Maschine 12 mm vom Rand absteppen. Es ist wichtig, dass alle Nähte denselben Abstand vom Rand haben. Dasselbe beim Deckel der Box und beim Futter wiederholen (2a).

**3** Den Oberstoff für die Box auf rechts wenden und das Futter so hineinstecken, dass die offenen Kanten auf einer Höhe liegen und die Ecknähte zu-sammenpassen. Die Kartonstreifen zwischen beide Stoffe schieben. Die offenen Kanten von Oberstoff und Futter so nach links umschlagen, dass der Stoff 2,5 cm höher als der Papprand reicht.

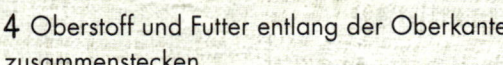

**4** Oberstoff und Futter entlang der Oberkante zusammenstecken.

**5** Oberstoff und Futter an der Oberkante mit der Maschine oder per Hand im Saumstich zusammennähen. Mit der Maschine ist es etwas mühsam, aber möglich! Lassen Sie sich einfach Zeit.

**6** Den Oberstoff für den Deckel der Box auf rechts wenden und das Futter so hineinstecken, dass die offenen Kanten auf einer Höhe liegen und die Ecknähte zusammenpassen. Die offenen Kanten von Oberstoff und Futter des Deckels nach links umschlagen und eine kurze und zwei lange Seiten absteppen. Den Karton zwischen die Stofflagen schieben, anschließend die letzte Seite mit der Maschine oder im Saumstich per Hand schließen.

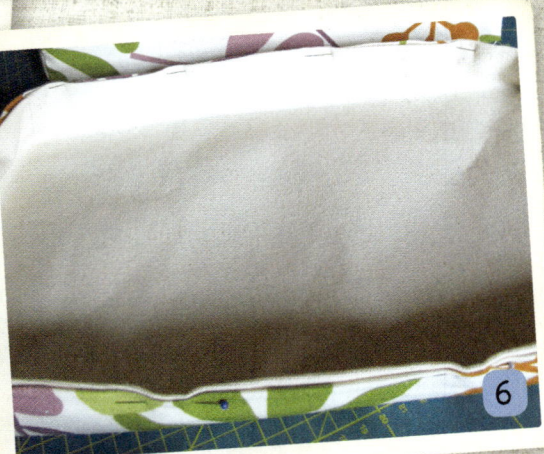

# Küche und Haushalt

# Ofenhandschuhe

## ZUSCHNITT:

### HANDSCHUH
92 × 41 cm
Einmal aus dem Oberstoff zuschneiden

### TASCHEN
46 × 31 cm
Zweimal aus dem Oberstoff
zuschneiden

### EINLAGE
19 × 17 cm
Viermal aus der Einlage
zuschneiden

### AUFHÄNGESCHLAUFE
5 × 2,5 cm
Einmal aus dem
Oberstoff zuschneiden

Wenn ein heißes Gericht aus dem Backofen geholt werden muss, ist der Griff nach einem Geschirrtuch nicht die sicherste Option. Anstatt eine Verbrennung zu riskieren, schützen Sie Ihre Hände besser mit Ofenhandschuhen aus Ihrem Lieblingsstoff, gefüttert mit einer Hitze abweisenden Einlage. Diese Handschuhe lassen sich an einem Nachmittag anfertigen und können bereits beim Abendessen stolz hergezeigt werden.

## MATERIAL:

1 m Baumwolloberstoff, ca. 1,20 m breit

50 cm Hitze abweisende Einlage oder Baumwolleinlage, ca. 55 cm breit

50 cm fertiges Schrägband, 4 cm breit

Grundausstattung zum Nähen (siehe Seite 122)

### Kleiner Tipp

Verwenden Sie für dieses Projekt keine Polyestereinlage. Die Hitze des Backofens könnte sie zum Schmelzen bringen.

## Anleitung:

**1** Den Handschuhstoff rechts auf rechts der Länge nach in der Mitte falten. Mit der Maschine 6 mm vom Rand die Enden und die Seitennaht absteppen, dabei in der Mitte der Seitennaht 10 cm offen lassen. Auf rechts wenden und flach bügeln. In jedes Ende ein Teil der Einlage stecken.

**2** Nun 20 cm von jedem kurzen Ende absteppen, damit die Einlage nicht verrutscht.

**3** Die beiden Taschenstücke rechts auf rechts der Länge nach in der Mitte falten und 6 mm vom Rand die Seitennähte nähen. Auf rechts wenden und ein Stück Einlage in jedes Teil stecken. Vom fertigen Schrägband Streifen schneiden, eine Seite aufklappen und an der Oberkante der Tasche rechts auf rechts passend zur Kante feststecken (siehe Seite 148).

**4** Das Schrägband mit der Maschine entlang der offenen Kante der ersten Umbruchkante absteppen, anschließend zur anderen Seite der Tasche umschlagen und per Hand im Saumstich annähen. Dabei die Enden sauber einschlagen.

**5** Den Stoff für die Aufhängeschlaufe der Länge nach in der Mitte falten und bügeln. Nun die langen Schnittkanten umschlagen und die offene lange Kante mit der Maschine absteppen. Den Streifen der Breite nach in der Mitte falten und über die beiden kurzen Enden absteppen, damit eine Schlaufe entsteht. In die offene Naht in der Mitte des Handschuhs schieben und feststecken.

**6** An jedem Ende eine Tasche feststecken. Zuletzt mit der Maschine um die Außenkanten steppen, um die Taschen zu befestigen, die Naht schließen und die Aufhängeschlaufen sichern.

# Bügelbrettbezug

Ein Bügelbrett hält Jahrzehnte, der Bezug nutzt sich jedoch ab und muss hin und wieder erneuert werden. Selbst wenn Sie einen fertigen Bezug kaufen, müssen Sie ihn anpassen – mit nur wenig Mehraufwand nähen Sie einen Bezug aus einem Stoff, den Sie wirklich gerne anschauen. Dieser hier ist noch dazu ein Wendebezug: Wenn eine Seite abgenutzt aussieht, wenden Sie ihn, und schon sieht er aus wie neu! Hausarbeit erscheint weniger lästig, wenn man sich mit selbstgemachten Dingen im eigenen Stil umgibt.

## ZUSCHNITT:

### EINLAGE
Ein Stück in derselben Größe wie die Vorlage zuschneiden (siehe Schritt 1)

### OBERSEITENSTOFF
Ein Stück zuschneiden, das rundherum 7,5 cm größer ist als die Vorlage (siehe Schritt 2)

### UNTERSEITENSTOFF
Ein Stück zuschneiden, das rundherum 7,5 cm größer ist als die Vorlage (siehe Schritt 2)

## MATERIAL:

Braunes Packpapier für die Vorlage

1,50 m Stoff aus 100 % Baumwolle für die Oberseite des Bezugs, ca. 1,20 m breit

1,50 m Stoff aus 100 % Baumwolle für die Unterseite des Bezugs, ca. 1,20 m breit

1,50 m Hitze abweisende Einlage oder Baumwolleinlage

3 m Kordel, 3 mm breit

Grundausstattung zum Nähen (siehe Seite 122)

Sticknadel oder Sicherheitsnadel zum Durchziehen

Stopper für die Kordel (optional)

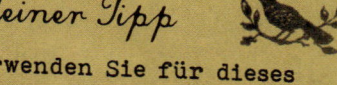

*Kleiner Tipp*

Verwenden Sie für dieses Projekt keine Einlage und keinen Stoff aus Polyester, sie könnten unter dem heißen Bügeleisen schmelzen.

## Anleitung:

**1** Um Ihre Vorlage herzustellen, legen Sie Ihr Bügelbrett auf ein Blatt Packpapier, zeichnen den Umriss ab und schneiden die Vorlage aus. Stecken Sie die Vorlage auf die Einlage, und schneiden Sie diese in einem Stück aus.

**2** Die Vorlage auf den Stoff für die Unterseite des Bezugs legen und die Form mit rundherum 7,5 cm Zugabe aufzeichnen. Ausschneiden. Mit dem Stoff für die Oberseite des Bezugs wiederholen. Von der Ecke am kurzen flachen Ende in beide Richtungen 4 cm abmessen und markieren. Zwischen beiden Markierungen eine Verbindungslinie ziehen. Entlang dieser Linie schneiden, um eine abgeschrägte Ecke zu erzielen. Auf der anderen Seite wiederholen.

**3** Die Einlage in die Mitte des Stoffs für die Unterseite des Bezugs legen, darauf achten, dass an allen Seiten gleich viel Stoff übersteht. Im Zickzackstich um den Rand der Einlage steppen, um die beiden Lagen zusammenzunähen.

### Kleiner Tipp

Sie können auch den alten Bezug Ihres Bügelbretts als Vorlage verwenden; falls die Einlage darin noch in gutem Zustand ist, kann sie wiederverwendet werden.

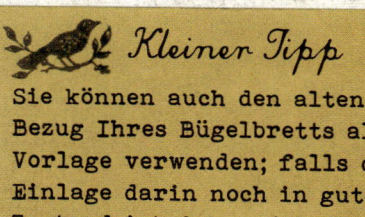

**4** Den Stoff für die Oberseite des Bezugs rechts auf rechts mit dem Stoff für die Unterseite legen, die Einlage liegt also ganz oben. Die Ränder zusammenstecken und 6 mm vom Rand um die Außenkante nähen, dabei das kurze gerade Ende und eine der schrägen Ecken offen lassen (4a). Anschließend im Zickzackstich um die Nahtzugabe nähen, damit der Stoff nicht ausfranst.

**5** Auf rechts wenden. In der schrägen offenen Ecke an beiden Stoffen 6 mm Saum umschlagen, jede Lage gesondert mit der Maschine nähen. Am kurzen geraden Ende die offenen Kanten nach innen umschlagen und beide Lagen nah an der Kante absteppen.

**6** Von einer Seite einer offenen Ecke rund um den gesamten Bezug bis zur anderen offenen Ecke einen 2,5 cm breiten Tunnel nähen. Die Kordel durch den Tunnel ziehen, hierzu die Kordel in eine Sticknadel fädeln oder eine Sicherheitsnadel durchstechen und die Kordel damit durchschieben. Den Bezug auf das Bügelbrett legen, mit der Kordel zusammenziehen und entweder die Enden verknoten oder einen Kordelstopper verwenden.

# Kaffeewärmer

Die Zubereitung von frisch gemahlenem Kaffee in einem Kaffeebereiter oder einer Kaffeepresse ist unschlagbar einfach. Aber Sie wissen ja, wie es ist: Genau in dem Moment, in dem Sie den Pressfilter hinuntergedrückt haben, klopft es an der Tür. Bis Sie zurückkommen, ist der Kaffee kalt geworden. Verschaffen Sie sich etwas mehr Spielraum, indem Sie diese kuschlige Hülle nähen, um Ihren Kaffee warmzuhalten.

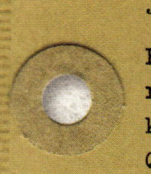

*Kleiner Tipp*

Falls Sie keine Hitze reflektierende Einlage bekommen, verwenden Sie eine Quilteinlage entweder aus Baumwolle oder Filz.

## ZUSCHNITT:

Diese Vorlage ist für einen durchschnittlichen Kaffeebereiter für sechs Tassen mit 15 cm Höhe und 30 cm Umfang gedacht. Messen Sie Ihren Kaffeebereiter aus, und passen Sie die Maße gegebenenfalls entsprechend an.

**5 WÄRMER**

33 × 17 cm

Einmal aus dem Oberstoff und einmal aus dem Futterstoff zuschneiden

**6 ISOLIERSCHICHT**

30 × 15 cm

Einmal aus Hitze reflektierender Einlage oder Filz zuschneiden

**7 LASCHE**

10 × 7,5 cm

Einmal aus dem Oberstoff und einmal aus dem Futterstoff zuschneiden

## MATERIAL:

Schnittmusterteile 5–7 auf dem Schnittmusterbogen C

50 × 50 cm Oberstoff

50 × 50 cm Futterstoff

30 × 15 cm Hitze reflektierende Einlage oder Filz

5 cm Klettband, 2,5 cm breit

Grundausstattung zum Nähen (siehe Seite 122)

# Anleitung:

**1** Die Laschenteile aus dem Futterstoff und dem Oberstoff rechts auf rechts zusammenstecken. Mit der Maschine eine lange und zwei kurze Seiten etwa 6 mm vom Rand absteppen.

**2** Die Lasche auf rechts wenden und bügeln. Schritt 1 mit den Futter- und Oberstoffteilen für den Wärmer wiederholen.

**3** Die Einlage mittig auf den Futterstoff legen und zusammenstecken, dabei darauf achten, dass der Rand überall die gleiche Breite hat.

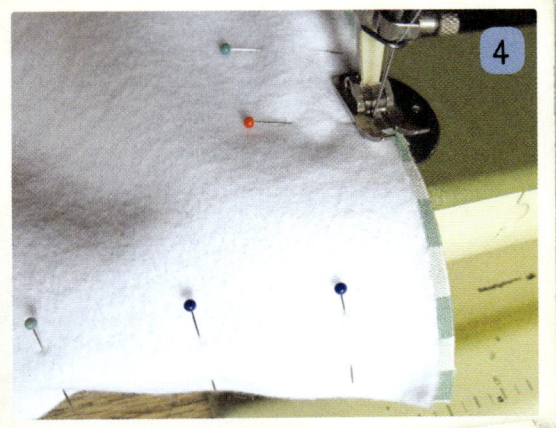

**4** Mit der Maschine entlang der Kante der Einlage eine kurze und zwei lange Seiten absteppen. Das Teil auf rechts wenden und bügeln.

**5** Die offenen Kanten des offenen Endes sauber nach innen umschlagen und die Lasche zwischen beide Lagen schieben. Nah an der Kante das gesamte offene Ende absteppen.

**6** Eine Seite des Klettbands an die Innenseite der Lasche nähen. Die Hülle um den Kaffeebereiter legen, um die Passform zu prüfen, anschließend das entsprechende Gegenstück des Klettbands passend auf die Außenseite des Wärmers stecken und annähen.

# Klammerbeutel

Es hat etwas sehr Trautes und Anheimelndes, Wäsche drau-
ßen zum Trocknen mit Wäscheklammern an eine Leine zu
hängen, und der Anblick eines Klammerbeutels, der zusammen mit der Wäsche an der Leine hängt, verstärkt dieses
Gefühl noch. Vintage-Naturstoffe bleichen in der Sonne aus,
und schon bald wird der Beutel aussehen wie ein Familien-
erbstück.

## ZUSCHNITT:

**8** VORDERSEITE
OBEN

**9** RÜCKSEITE

**10** VORDERSEITE
UNTEN

Jeweils einmal aus dem
Oberstoff und einmal aus
dem Futterstoff
zuschneiden

### KNOPFSCHLAUFE

5 × 2,5 cm

Zweimal aus dem Oberstoff
zuschneiden

## MATERIAL:

Kinder- oder Erwachsenenkleiderbügel aus Holz plus eine
feinzahnige Säge und Schleifpapier (siehe Schritt 1)

Schnittmusterteile 8–10 auf dem Schnittmusterbogen A

76 × 30 cm Oberstoff

71 × 30 cm Futterstoff

1 Knopf mit 2,5 cm Durchmesser

Grundausstattung zum Nähen (siehe Seite 122)

## Anleitung:

**1** Wenn Sie einen Erwachsenenkleiderbügel verwenden, kürzen Sie seine Breite auf 28 cm. Ein Lineal auf den Bügel legen und beidseits des Hakens 14 cm anzeichnen. Mit einer feinzahnigen Säge das überstehende Holz absägen und die Enden mit dem Schleifpapier glätten.

**2** Den Stoff für die Knopfschlaufe der Länge nach in der Mitte falten und bügeln. Nun die langen Schnittkanten umschlagen und die offene lange Kante mit der Maschine absteppen, dabei so nah wie möglich an der Kante nähen. Den Streifen der Breite nach in der Mitte falten und über die beiden kurzen Enden steppen, damit eine Schlaufe entsteht.

**3** Futter und Oberstoff für das obere Vorderteil rechts auf rechts zusammenstecken und mit der Maschine die beiden Seiten und die geschwungene Oberkante absteppen. Auf rechts wenden. Die offenen Kanten 6 mm nach innen umschlagen, die Schlaufe in der Mitte feststecken. Die Naht nah an der Kante nähen und überprüfen, dass der Bügel hineinpassen wird.

**4** Nun Futter und Oberstoff des unteren Vorderteils rechts auf rechts zusammenstecken. Mit der Maschine die Seiten und den oberen Rand absteppen. Mit Futter und Oberstoff der Rückseite wiederholen. Beide Teile auf rechts wenden und alle Nähte

auseinanderbügeln. Die offenen Kanten beider Teile nach innen umschlagen, zusammenstecken und zusammennähen.

**5** Das untere Vorderteil links auf links mit der Rückseite zusammenstecken, die unteren Kanten liegen dabei genau übereinander. An den langen Seiten und der unteren Kante des unteren Vorderteils zusammennähen.

**6** Das obere Vorderteil links auf links mit der Rückseite zusammenstecken, die oberen Kanten liegen genau übereinander. An den Seiten und an der Oberkante zusammennähen, dabei in der Mitte der Oberkante für den Haken des Bügels 6 mm offen lassen. Das obere Vorderteil überlappt das untere Vorderteil um 2,5 cm. Da dieses Teil geringfügig größer ist, steht das Vorderteil leicht auf.

**7** Passend zu der Schlaufe per Hand einen Knopf auf das untere Vorderteil nähen. Nähgarn in Kontrastfarbe hat einen besonders individuellen Effekt.

# Vintage-Schürze

##  ZUSCHNITT:

**11** **TASCHE**
Einmal aus Vintage-Baumwollstoff und einmal aus Futterstoff zuschneiden

**12** **TAILLENBUND**
Zweimal aus Vintage-Baumwollstoff zuschneiden

**13** **SCHÜRZENTEIL**
Einmal aus Vintage-Baumwollstoff zuschneiden

**14** **BINDEBÄNDER**
Zweimal aus Vintage-Baumwollstoff zuschneiden

Vor langer, langer Zeit mag die brave Gattin abends wohl eine dieser Schürzen über ihr Cocktailkleid gezogen haben, um Canapés und Getränke zu servieren. So jedenfalls zeigte es die Werbung in den 1950er-Jahren! Heutzutage essen wir eher mit Freunden am Küchentisch, dabei kann so eine hübsche Schürze, die für Häuslichkeit steht, kecke Akzente setzen.

## MATERIAL:

Schnittmusterteile 11–14 auf dem Schnittmusterbogen C

1 m Vintage-Baumwollstoff, ca. 1,20 m breit

Kleines Stück Futterstoff für die Tasche

2 m Zackenlitze oder andere Verzierung, ca. 1,20 m breit

Grundausstattung zum Nähen (siehe Seite 122)

## Anleitung:

**1** Tasche und Taschenfutter rechts auf rechts an den Seitenrändern und der Unterseite mit der Maschine zusammennähen, der obere Rand bleibt offen. Auf rechts wenden und bügeln. Die oberen Ränder beider Teile 6 mm nach innen umschlagen und feststecken. Die Zackenlitze rund um die Tasche so auf der Rückseite feststecken, dass die Hälfte der Bögen auf der Vorderseite zu sehen ist, mit passendem Garn aufnähen. Ein Stück Zackenlitze in der Mitte über die Breite der Tasche stecken und aufnähen.

**2** An den Seiten des Schürzenteils einen doppelten Saum arbeiten (siehe Seite 131), hierfür zuerst 6 mm, dann 1 cm nach links umschlagen. Entlang der Oberkante der Schürze zwei Reihen im Kräuselstich nähen (siehe Seite 131) und durch Ziehen an den Unterfäden auf 40 cm zusammenziehen, dabei darauf achten, dass die Kräuselung gleichmäßig verteilt ist.

**3** An beiden Teilen des Taillenbundes rundherum 6 mm nach links umschlagen und die Kanten bügeln. Die beiden Taillenbundteile links auf links aufeinanderlegen. Zackenlitze so zwischen den beiden Lagen feststecken, dass die Hälfte davon vorschaut.

**4** Ein Bindeband der Länge nach in der Hälfte falten, die offenen Kanten nach innen umschlagen und die Längsseite so nah wie möglich an der Kante absteppen. Die offenen Kanten an einem Ende nach innen umschlagen. Bei dem zweiten Bindeband wiederholen. An jedem Ende des Taillenbundes ein Bindeband unter die Zackenlitze stecken. Zackenlitze, Taillenbund und Bindebänder an den kurzen Seiten und an der Oberseite zusammennähen, die Unterkante offen lassen.

**5** Nun das gekräuselte Schürzenteil in den Taillenbund einfügen, falls nötig, die Kräuselfalten anpassen. Zusammenstecken und heften. Den Taillenbund so nah an der Kante wie möglich vorne absteppen.

**6** Den unteren Rand der Schürze mit einem doppelten Saum versehen (siehe Seite 131), zuerst 6 mm, dann 1 cm nach links umschlagen, bügeln und per Hand säumen (siehe Seite 136). Die Tasche auf die Schürze stecken und festnähen.

# Kochschürze

Eine gestreifte Schürze wird sofort als für die Arbeit in der Küche oder am Grill bestimmt erkannt. Diese hier hat eine klassische Form, ist einfach gehalten und kann individuell verschönt werden, beispielsweise mit einer Tasche für die Brille des Kochs, mit gestickten Initialen oder einem Slogan in Schablonenschrift.

## ZUSCHNITT:

**15 SCHÜRZE**

Einmal zuschneiden

**16 BÄNDER**

Dreimal zuschneiden (nicht nötig, falls Sie dafür Schürzenband verwenden)

**17 SCHLAUFENTEIL**

Einmal zuschneiden (nicht nötig, falls Sie dafür Schürzenband verwenden)

**18 LATZBLENDE**

Einmal zuschneiden

**19 TASCHE**

Einmal zuschneiden (mit waagrecht verlaufenden Streifen)

## MATERIAL:

Schnittmusterteile 15–19 auf dem Schnittmusterbogen D

1 m gestreifter strapazierfähiger Stoff wie Denim oder Canvas, ca. 1,20 m breit

1 Paar D-Ringe

2,5 cm Schürzenband (optional anstelle von genähten Bindebändern/Trägern)

Grundausstattung zum Nähen (siehe Seite 122)

## Anleitung:

**1** Die Seiten der Schürze erst 6 mm nach links umschlagen und bügeln, dann erneut 12 mm umschlagen und zusammenstecken.

**2** Die drei Bänder der Länge nach in der Mitte falten, dann die langen offenen Kanten 6 mm nach innen umschlagen und flachbügeln. Jeweils an einem Ende jedes Bands die Ecken zur Mitte falten, damit ein spitzes Ende entsteht, anschließend die offenen Kanten nach innen umschlagen. Das spitze Ende und die lange Kante so nah wie möglich an der Kante absteppen. Das Schlaufenteil

ebenso anfertigen, aber ohne spitzes Ende, die beiden D-Ringe aufziehen, anschließend die beiden Enden zusammennähen.

**3** Die offene Kante eines Bands direkt unterhalb der Latzrundung unter den Seitensaum stecken. Auf der anderen Seite wiederholen, beide Seitensäume nah an der Kante absteppen. Den unteren Rand der Schürze mit einem Doppelsaum versehen, hierzu erst 12 mm, dann 4 cm nach links umschlagen und absteppen. Die Bänder über die Seitensäume zurückfalten und flach festnähen.

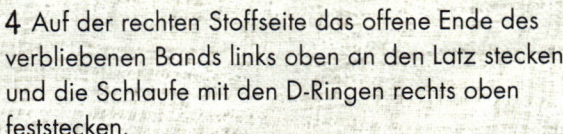

**4** Auf der rechten Stoffseite das offene Ende des verbliebenen Bands links oben an den Latz stecken und die Schlaufe mit den D-Ringen rechts oben feststecken.

**5** Die Latzblende darüberlegen. Die Oberkante so ausrichten, dass die Blende an beiden Seiten gleich weit übersteht. Zusammenstecken, dann langsam entlang der Oberkante absteppen.

**6** Die Schürze auf links wenden und die Blende auf die linke Seite umschlagen. Die Seitenränder nach innen einschlagen, einen Saum passend zur Form der Blendenvorderseite falten und feststecken. Rundherum absteppen, um die Form zu betonen und die Bänder zu verstärken.

**7** Im Zickzackstich über die offenen Kanten der Tasche nähen, anschließend oben 2,5 cm Saum nach innen umschlagen. Die Tasche unterhalb der Taille auf die Schürze stecken, dann festnähen. In der Mitte der Tasche eine senkrechte Naht nähen, um sie zu teilen.

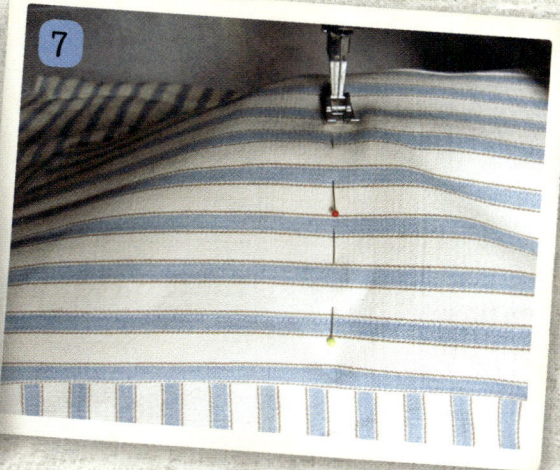

# Bunter Tütensammler

Plastiktüten sind für die Umwelt problematisch, und die meisten von uns versuchen, die Anzahl kostenloser Plastiktüten zu begrenzen, die wir ganz automatisch annehmen. Die zweitbeste Variante zum Mitnehmen einer eigenen Einkaufstasche ist, Plastiktüten wenigstens so oft wie möglich wiederzuverwenden. In diesem Aufbewahrungsbeutel sind die Tüten bis zum nächsten Gebrauch ordentlich verräumt.

## MATERIAL:

45 × 75 cm Stoff

20 cm Gummiband, 6 mm breit

1 m Kordel, 5 mm breit

Grundausstattung zum Nähen
(siehe Seite 122)

Sicherheitsnadel zum Durchfädeln

### Kleiner Tipp

Verwenden Sie für dieses einfache Projekt einen Stoff, der Ihnen wirklich gefällt, dann werden Sie jedesmal lächeln, wenn Sie eine Tüte herausnehmen.

## Anleitung:

**1** Den Stoff an einer kurzen Seite 12 mm nach links umschlagen und bügeln, die Ecken dabei in Form eines Dreiecks einschlagen, damit die offenen Kanten verschwinden.

**2** Die offene Kante umschlagen, feststecken, anschließend sehr nah an der Faltkante absteppen. So entsteht ein Tunnel für das Gummiband, achten Sie also darauf, dass er breit genug ist. Die Schritte 1 und 2 am anderen kurzen Ende des

**4** An der Unterseite des Beutels das eine Ende des Gummibands feststecken, damit es nicht im Tunnel verschwindet. An das andere Ende eine Sicherheitsnadel stecken und das Gummiband damit durch den Tunnel ziehen.

**5** Überprüfen, dass sich das Gummiband im Tunnel nicht verdreht hat, anschließend beide Enden zusammennähen.

**6** Durch den Tunnel am oberen Rand die Kordel einziehen und die Enden verknoten. Den Beutel auf rechts wenden. Den Tütensammler oben mit der Kordel schließen und in geeigneter Höhe aufhängen.

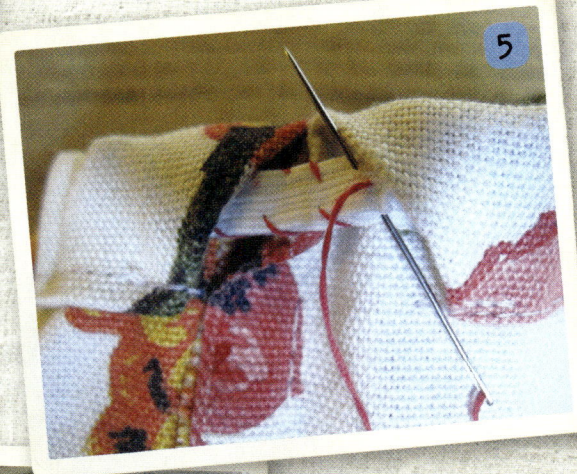

**Schlafzimmer**

# Täschchen für Nachtwäsche

Vor langer Zeit hatten die Damen Zeit, ihre Initialen auf Bettwäsche zu sticken oder Auflagen für ihre Frisierkommode und hübsche Tablettdeckchen für den Nachmittagstee anzufertigen. Wir können ihr Andenken wahren, indem wir ihre Nadelarbeit bei einem Werkstück wiederverwerten, das einen besonderen Platz in unserem Leben einnimmt.

Bunt gestickte Blumen, Lochstickerei und Kreuzstichmotive eignen sich alle gut für dieses Projekt. Sollten Sie das Glück haben, derartige Erbstücke zu besitzen, ist es besser, sie zu nutzen, als unsichtbar zu verräumen. Andernfalls dürften Sie in Secondhand-Läden, Geschäften für antikes Leinen oder online fündig werden.

## ZUSCHNITT:

Den bestickten Stoff ausmessen und den Futterstoff 2,5 cm größer zuschneiden.

## MATERIAL:

Vintage-Stoff mit Spitzenrand, Quadrat mit ca. 46 cm Kantenlänge

Dünner Futterstoff aus Baumwolle, Seide oder Satin in einer Kontrastfarbe

Druckknopf, Knopf oder Band zum Verschließen

Grundausstattung zum Nähen (siehe Seite 122)

## Anleitung:

**1** An allen Seiten des Futterstoffs 12 mm umschlagen, die offene Kante nach innen einschlagen und flachbügeln. Den Saum an allen Seiten feststecken, heften und mit sehr kleinen Stichen im Saumstich nähen, um ein sehr sorgfältig gearbeitetes Ergebnis zu erzielen.

**2** Den gestickten Stoff auf das Futter legen, dessen Saumseite nach oben zeigt, und zusammenstecken. Beide Lagen mit einem Garn in Kontrastfarbe zusammenheften.

**3** Den gestickten Stoff und das Futter entweder mit der Maschine oder per Hand zusammennähen, je nachdem, was für einen Vintage-Stoff Sie verwenden. Ich habe mit der Maschine genäht und Baumwollgarn genommen, den Oberfaden in Weiß, den Unterfaden in Violett. Gut bügeln.

### Kleiner Tipp

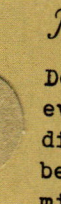

Den Spitzenrand müssen Sie eventuell „einhalten", damit die Länge passt. Stecken Sie beide Lagen sorgfältig und mit mehr Stecknadeln als üblich zusammen.

**4** Legen Sie die gestickte Seite nach oben und falten Sie drei Spitzen des Quadrats zur Mitte. Fixieren Sie die aneinanderstoßenden Kanten des Futterstoffs wie gezeigt mit Stecknadeln.

**5** Die Futternähte schließen, indem die Kanten mit kleinen, ordentlichen Überwendlichstichen zusammengenäht werden. Dabei nur in den Futterstoff einstechen.

**6** Auf rechts wenden und den Verschluss Ihrer Wahl anbringen. Sie können einen Druckknopf, ein Band oder einen Knopf mit Schlaufe verwenden; wählen Sie das, was am besten zur Stoffhaptik passt.

# Reise-Schuhbeutel

Übernehmen Sie doch die Idee, wie Kinder ihre Sportsachen in die Schule mitnehmen, und fertigen Sie sich einen Schuhbeutel an. So lassen sich Schuhe ordentlich auf die Reise mitnehmen oder zu Hause staubgeschützt aufbewahren – und eine Innentasche für Socken oder Strumpfhosen gibt es noch obendrein!

Halstücher sind für dieses Projekt ideal, denn sie sind bereits gesäumt, sodass die Ränder nicht ausfransen. Souvenirtücher aus Vintage-Stoff eignen sich perfekt für Reisebeutel, generell dürfte jedoch ein Bandana besser geeignet sein als Vintage-Seide.

## MATERIAL:

- 1 quadratisches Halstuch pro Schuhpaar (mindestens 40 x 40 cm, je nach Größe des Schuhs)
- Vliesofix, ein Quadrat mit 5 cm Seitenlänge
- 2 cm breites Band, doppelt so lang wie das Tuch breit ist, als Durchziehband
- 2 Knöpfe, Durchmesser 2,5–4 cm

Grundausstattung zum Nähen (siehe Seite 122)

### Kleiner Tipp

Verwenden Sie ein Bandana (ca. 55 x 55 cm) oder ein anderes quadratisches Halstuch mit einer Seitenlänge von 40–60 cm.

## Anleitung:

**1** Das Vliesofixquadrat diagonal in der Mitte durchschneiden, es entstehen zwei gleichschenklige Dreiecke. Das Halstuch mit der rechten Seite nach unten auf dem Tisch ausbreiten. Die beiden oberen Ecken des Halstuchs nach innen falten, sodass kleine gleichschenklige Dreiecke mit 5 cm Kantenlänge entstehen. Die Vliesofixdreiecke in die umgefalteten Stoffdreiecke des Halstuchs hineinschieben.

Mit einem warmen Bügeleisen bügeln, um Stoff und Band zu verbinden.

**2** An der Oberkante 2,5 cm nach links umschlagen, bügeln und feststecken. Entlang der Stoffkante absteppen, sodass ein Tunnel für das Durchziehband entsteht.

**3** Das Tuch wieder mit der rechten Seite nach unten auf die Arbeitsfläche legen. Die Beutelgröße bestimmen, indem man mit einem Schuh eineinhalb Schuhlängen abmisst. Den überschüssigen Stoff für die Innentaschen nach innen umschlagen. Die Umschlagfalte bügeln, anschließend das Tuch der Breite nach in der Mitte falten und wieder bügeln. Diese Faltung wieder öffnen und den Kniff abstecken.

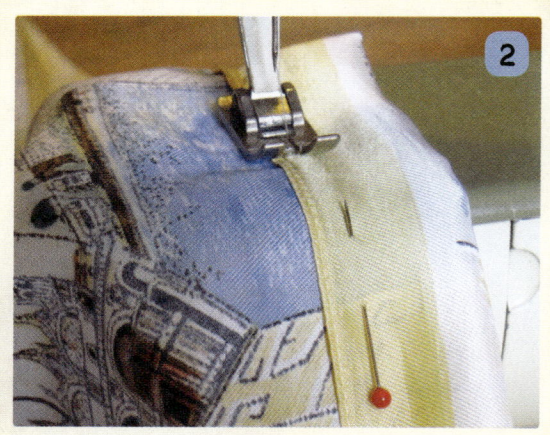

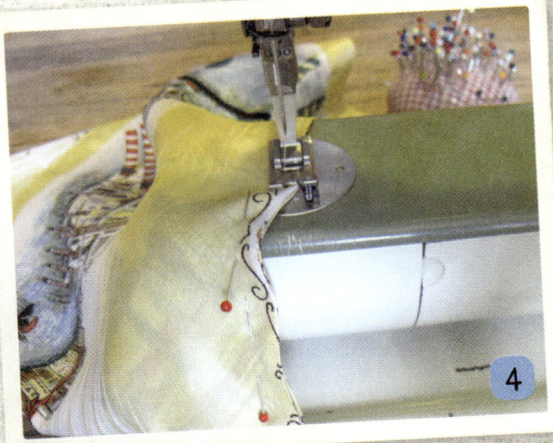

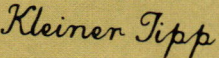

*Kleiner Tipp*

Falls Sie ein Seidentuch verwenden, mit einer dünnen Nadel und einem Teflon- oder Kunststoff-Nähfuß nähen.

**4** Unten und an der Seite links auf links zusammenstecken bis zum oberen Saum, die beiden schrägen Öffnungen für das Durchziehband frei lassen. Die Nähte absteppen. Alle Stecknadeln herausnehmen. Den Beutel auf rechts wenden. Den fertigen Beutel so auf dem Tisch ausbreiten, dass die gesteppte Naht links liegt. Die an der gegenüberliegenden Seite entstehende Falte bügeln und von unten bis zur Höhe der Innentasche absteppen. So entstehen zwei Innentaschen.

**5** Das Band durch den Tunnel oben am Beutel ziehen und zum Schließen des Beutels zusammenziehen.

**6** Abschließend an jedes Bandende einen nicht zu kleinen Knopf nähen, damit sich das Band nicht herausziehen lässt.

# Kleiderbügelbezug

Es gibt viele Gründe, warum ein gepolsterter Kleiderbügel besser ist als einer aus Draht oder Kunststoff: Er sorgt dafür, dass die Kleidung gut auf dem Bügel hält und nicht herunterrutscht, kaum dass man sich umdreht. Ein gepolsterter Bügel hält außerdem die Schulterpartie in Form und verleiht dem Schrank zusätzlich einen hübschen, femininen Hauch von Luxus. Aber auch Herrenkleidung verdient es, verwöhnt zu werden. Hier macht sich etwa ein Bezug aus einem abgetragenen karierten Hemd sehr gut.

## MATERIAL:

6,5 cm Volumenvlies, 2,30 m breit

Mehrzweckkleber oder robuster Tacker

Holzkleiderbügel

100 × 15 cm gemusterter leichter Baumwoll- oder Seidenstoff

2,5 × 25 cm gemusterter Stoff oder 25 cm Band, 2,5 cm breit für die Schleife

Grundausstattung zum Nähen (siehe Seite 122)

### Kleiner Tipp

Bezüge für Kleiderbügel wurden früher üblicherweise aus dem Stoff abgetragener Kleidung oder aus Resten von anderen Nähprojekten angefertigt.

## Anleitung:

**1** Ein Ende des Vlieses an das Ende des Bügels kleben oder tackern. Den Bügel vollständig mit der Einlage umwickeln, dabei jede Wicklung leicht überlappend zur vorherigen legen. Überschüssiges Vlies abschneiden und das Ende mit wenigen Stichen sichern.

**2** Den gemusterten Stoff der Länge nach rechts auf rechts in der Mitte falten und die kurzen Enden zusammennähen.

**3** Auf rechts wenden und an beiden offenen Längsseiten 12 mm als Saum umschlagen. Den Saum bügeln.

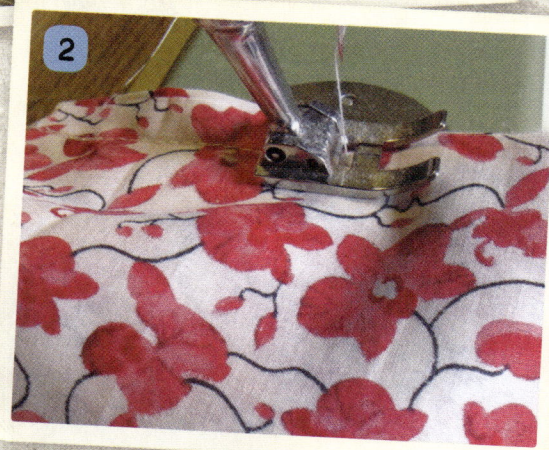

*Kleiner Tipp*

Falls Sie kein Vlies haben, verwenden Sie eine Strumpfhose. Das geht ebenso gut und verschafft Ihnen das gute Gefühl, etwas wiederverwertet zu haben.

4

**4** Entlang der Faltkante, etwa 6 mm vom Rand entfernt, eine Reihe kleiner Reihstiche arbeiten. Entlang der offenen Oberkante wiederholen, um beide Lagen zu verbinden, die Stiche nur bis kurz vor der Mitte nähen.

**5** Den Bügel in das fertige Ende stecken, anschließend die Oberkante im Reihstich fertignähen. Auf die passende Größe zusammenziehen und die Garnenden verzurren.

**6** Den Stoff für die Schleife der Länge nach in der Mitte falten, anschließend alle offenen Kanten umschlagen und die beiden kurzen Seiten und die offene lange Seite absteppen. Unten um den Bügelhaken zu einer Schleife binden. Alternativ ein passendes Band für die Schleife verwenden.

5

6

*Kleiner Tipp*

Sie können abschließend auch den Haken mit Band umwickeln – durch einen Tropfen Kleber an jedem Ende wird verhindert, dass das Band herunterrutscht.

# Schlafmaske

Schnittmusterteile 20–21 auf dem Schnittmusterbogen E

## ZUSCHNITT:

### 🕘 MASKE

Einmal aus dem Stoff für die Vorderseite und einmal aus dem Stoff für die Rückseite zuschneiden
Zweimal aus gebürsteter Baumwolle oder Baumwollflanell für die Füllung zuschneiden

### 🕘 HALTEBAND

Einmal aus dem Oberstoff zuschneiden

### EINFASSUNG

60 × 6 cm, schräg zugeschnitten aus dem Oberstoff

Es gibt Zeiten, da ist sogar der kleinste Lichtspalt zuviel. Seien Sie vorbereitet und sorgen Sie durch die Anfertigung einer seidigen Schlafmaske dafür, dass Sie sich in solchen Momenten ganz fallen lassen und ungestört träumen können.

Der schwarze Stoff wird hinter dem Blumenstoff versteckt, Sie müssen also nicht aussehen wie der Lone Ranger – es sei denn natürlich, Sie möchten das. In diesem Fall verwenden Sie auch außen schwarzen Stoff.

## MATERIAL:

Schnittmusterteile 20–21 auf dem Schnittmusterbogen E

50 cm Oberstoff

12,5 × 23 cm weicher schwarzer Baumwoll- oder Seidenstoff für die Rückseite

25 × 23 cm gebürstete Baumwolle oder Baumwollflanell für die Füllung

60 cm selbst zugeschnittenes oder fertig gekauftes Schrägband, 6 cm breit

30 cm Gummiband, 6 mm breit

Grundausstattung zum Nähen
(siehe Seite 122)

### *Kleiner Tipp*

Sie können als Füllung auch Baumwolleinlage für Quilts verwenden, eine Polyesterfüllung sollten Sie jedoch meiden, da sie die Haut nicht atmen lässt.

## Anleitung:

**1** Die Teile für die Schlafmaske in Lagen übereinanderlegen: zuerst den schwarzen Stoff für die Rückseite mit der rechten Seite nach unten, in die Mitte die gebürstete Baumwolle oder den Baumwollflanell für die Füllung und oben den Oberstoff mit der rechten Seite nach oben. Die Lagen zusammenstecken, dann zusammenheften.

**2** Das Schrägband anfertigen, wenn Sie es selbst machen möchten (siehe Seite 149). Jede lange offene Kante 6 mm umschlagen und bügeln.

**3** Den Stoff für das Halteband der Länge nach links auf links in der Mitte zusammenfalten und bügeln. Jede lange offene Kante 6 mm umschlagen und entlang der langen offenen Kante abstepppen, dabei einen Tunnel stehen lassen, der breit genug ist für das Gummiband. Eine Sicherheitsnadel durch ein Ende des Gummibands stecken und das Gummiband durch den Tunnel ziehen, dabei den Stoff so zusammenziehen, dass die Länge passt. Das Gummiband jeweils am Ende des Stoffbands festnähen.

**Kleiner Tipp**

Ich habe als Füllung für diese Schlafmaske die angegebene Einlage aus Baumwolle verwendet. Jeder weiche und leichte Naturstoff eignet sich jedoch ebenso gut.

4 Das Schrägband aufklappen und rechts auf rechts so an die Vorderseite der Maske stecken, dass die offenen Kanten übereinanderliegen, und zusammenheften. Entlang der ersten Umbruchkante absteppen; die Enden der Einfassung sollten sich überlappen, um ein ordentliches Ergebnis zu erzielen.

5 Die Maske wenden und die Enden des Haltebands an die Schmalseiten stecken. Die Einfassung über die Enden des Bands schlagen, dabei die offene Kante einschlagen und nach und nach zusammenstecken. Immer wieder auf der Vorderseite kontrollieren, dass die Einfassung rundherum eine gleichmäßige Breite hat. Mit kleinen Rückstichen die Einfassung per Hand an die schwarze Rückseite nähen.

6 Zum Abschluss das Halteband umfalten und mit der Kante der Einfassung abschließend absteppen, damit er gut sitzt.

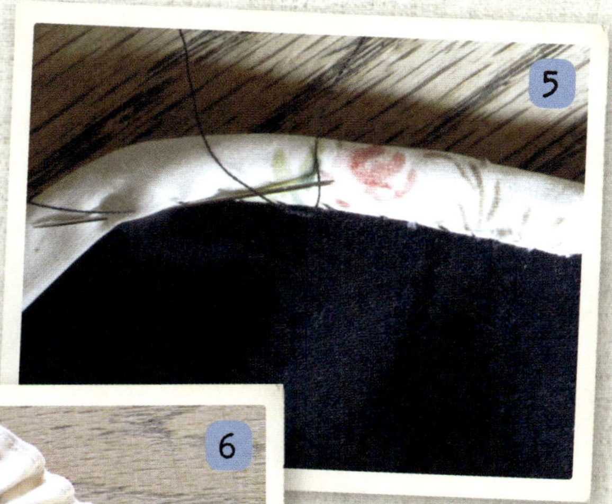

# Schmuckrolle

Solche Rollen bieten ausreichend Platz und eignen sich ideal, um Ihren Schmuck auf Reisen zusammenzuhalten. Es sind verschiedene Taschen vorgesehen, sodass Sie die Einteilung wählen können, die für Ihre Bedürfnisse am besten passt. Ansonsten folgen Sie der allgemeinen Anleitung. Achtung: Es gibt hier keine Unterteilung für ein Diadem, Prinzessinnen müssen daher andere Vorkehrungen treffen!

## MATERIAL:

Schnittmusterteile 22–26 auf dem Schnittmusterbogen E

50 cm Oberstoff, ca. 1,20 m breit

50 cm Futterstoff, ca. 1,20 m breit

20 × 2 cm Einlage

18 cm Reißverschluss

Kleines Stück Klettband, 12 mm breit

60 cm schmales Band zum Binden

2 Druckknöpfe

3 m Schrägband

Grundausstattung zum Nähen (siehe Seite 122)

## ZUSCHNITT:

**22 KLEINE TASCHEN**

Zweimal aus dem Oberstoff und zweimal aus dem Futterstoff zuschneiden

**23 RINGHALTER**

Einmal aus dem Futterstoff und einmal aus der Einlage zuschneiden

**24 REISSVERSCHLUSSTASCHE**

Einmal aus dem Oberstoff und einmal aus dem Futterstoff zuschneiden

**25 OFFENE TASCHE**

Einmal aus dem Futterstoff zuschneiden

**26 HAUPTTEIL**

Einmal aus dem Oberstoff und einmal aus dem Futterstoff zuschneiden

## Anleitung:

**1** Die beiden Teile für die Reißverschlusstasche links auf links aufeinanderlegen, der Oberstoff liegt oben. An beiden Teilen eine lange Kante 6 mm umschlagen und bügeln. Diese Seite an ein Band des Reißverschlusses stecken. Den Reißverschluss mit einem Reißverschlussfuß annähen (siehe Seite 141). Die Tasche bündig an eine Schmalseite des Futterstoffs des Hauptteils stecken.

**2** Bei der offenen Tasche an jeder langen Kante 6 mm nach links umschlagen und bügeln. Eine Kante mit der Maschine absteppen, um einen sauberen Saum zu bilden. Die Tasche so auf den Futterstoff des Hauptteils stecken, dass die nicht gesäumte Kante dicht an den Zähnen des Reißverschlusses liegt. Anschließend alle Lagen zusammennähen. Zum Halbieren der Tasche in der Mitte eine Naht nach unten absteppen.

**3** Von der Länge der Einlage etwa 6 mm abschneiden und den Stoff für den Ringhalter mehrfach um die Einlage legen. Die offenen Nahtkanten nach innen umschlagen, zusammenstecken, dann die Naht absteppen. Die Hakenseite des Klettbands an das eine Ende des Ringhalters nähen. Das andere Ende des Ringhalters etwa 14 cm von der rechten Ecke an eine lange Seite der Schmuckrolle stecken. Die Flauschseite des Klettbands exakt passend zur Hakenseite an den Futterstoff nähen.

**4** Für eine kleine Tasche ein Oberstoff- und ein Futterteil rechts auf rechts zusammenlegen und an den Kanten absteppen, dabei die kurze gerade Seite offen lassen. Die Tasche wenden. Die kurze offene Kante umschlagen und absteppen. Die Tasche links auf links in der Mitte falten, dabei die Lasche überstehen lassen. Die Seiten und die

Unterkante absteppen. Das eine Teil eines Druck-
knopfs auf die Lasche, das andere vorne auf die
Tasche nähen. Mit den Teilen für die zweite kleine
Tasche wiederholen. Nun die beiden Taschen im
Steppstich an ihren Platz nähen.

**5** Das schmale Band in der Mitte falten und in der
Mitte des äußeren Hauptteils auf die rechte Seite
nähen. Das äußere Hauptteil mit der rechten Seite
nach unten auf die Arbeitsfläche legen, den Futterstoff mit der rechten Seite nach oben darauflegen.

**6** Das Schrägband aufklappen und rechts auf
rechts so an die Futterseite der Schmuckrolle stecken, dass die offenen Kanten übereinanderliegen,
und zusammenheften. Die erste Umbruchkante der
Einfassung absteppen, die Einfassung in den Ecken
sauber falten. Dort, wo die beiden Enden der Einfassung zusammentreffen, ein Ende überlappen
lassen, so wird ein ordentliches Ergebnis erzielt.

**7** Zum Schluss die Einfassung auf die Vorderseite
der Schmuckrolle umschlagen und per Hand im
Saumstich festnähen.

**Bad**

# Kulturbeutel

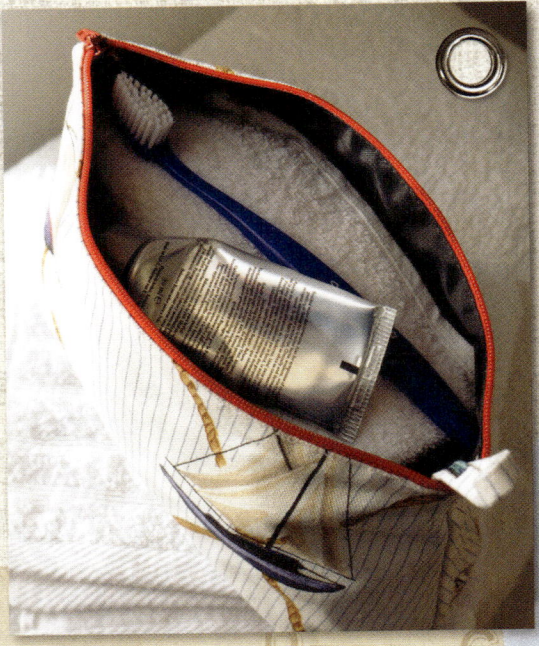

Die Stilrichtungen ändern sich, und es ist nicht immer einfach, genau den Kulturbeutel zu finden, den man sucht. Das Schöne am Selbernähen ist, dass Sie sich einen Kulturbeutel anfertigen können, bei dem Größe, Farbe und Muster genau Ihren Wünschen entsprechen. Wählen Sie einen Stoff, der Ihnen gefällt, und versehen Sie ihn mit einem wasserundurchlässigen Futter. Wenn Sie sich an dem Beutel satt gesehen haben, machen Sie sich einen neuen.

## ZUSCHNITT:

**27 AUSSENSEITEN**
Zweimal aus dem Oberstoff zuschneiden

**28 FUTTER**
Einmal im Stoffbruch aus wasserundurchlässigem Polyesterstoff zuschneiden

**SCHLAUFE**
7,5 × 2,5 cm
Einmal aus dem Oberstoff zuschneiden

## MATERIAL:

Schnittmusterteile 27 und 28 auf dem Schnittmusterbogen E

50 cm Oberstoff, ca. 1,20 m breit

50 cm wasserundurchlässiger Polyesterstoff (ein Duschvorhang eignet sich gut)

20 cm langer Reißverschluss

Grundausstattung zum Nähen (siehe Seite 122)

## Anleitung:

**1** An beiden Teilen des Oberstoffs an einer langen Kante 12 mm nach links umschlagen und bügeln. Den Reißverschluss entsprechend der Anleitung auf Seite 141 feststecken, heften und mit dem Reißverschlussfuß langsam annähen. Es ist hilfreich, die ersten ca. 5 cm des Reißverschlusses zu öffnen, bis dorthin zu nähen, ihn wieder zu schließen und dann weiterzunähen.

**2** Das Außenteil in der Mitte rechts auf rechts falten. Die Seitennähte zusammenstecken und 6 mm vom Rand mit der Maschine absteppen. Die Naht auseinanderbügeln. Den Reißverschluss öffnen, die untere Naht nähen und die Naht auseinanderbügeln. Die untere Naht und die Seitennähte aus-

richten, in jeder Ecke 5 cm nach außen stülpen und beide Lagen zu einem Dreieck zusammenkneifen. 5 cm von der Spitze das Dreieck quer absteppen, den Überstand abschneiden. Den Beutel auf rechts wenden.

**3** Den Futterstoff in der Mitte falten und die Seitennähte absteppen. Die unteren Ecken so nähen und abschneiden wie in Schritt 2, das Futter jedoch mit der rechten Seite nach außen bearbeiten.

*Kleiner Tipp*

Für Anfänger empfiehlt es sich, den Reißverschluss zuerst zu stecken und mit einem Kontrastgarn und langen Reihstichen zu heften.

**4** Den Stoff für die Schlaufe der Länge nach in der Mitte falten und bügeln, die offenen langen Kanten nach innen umschlagen und mit der Maschine an der offenen langen Kante absteppen. Die Enden der Schlaufe 12 mm von oben so an die Innennaht des Beutels nähen, dass die Schlaufe sich am Schieberende des Reißverschlusses befindet.

**5** Das Futter links auf links in den Außenbeutel stecken. Die offenen Kanten oben am Futter umschlagen, feststecken und heften.

**6** Futter und Oberstoff mit dem Reißverschlussfuß der Nähmaschine oder per Hand mit einem sauberen Saumstich zusammennähen, die Schlaufe ragt am Schieberende heraus.

# Wäschebeutel

Es ist kein Geheimnis: Wäscheberge scheinen niemals abzunehmen. Das Gefühl, eine Waschladung bezwungen zu haben, weicht sehr bald der Verblüffung, woher schon wieder die nächste Ladung kommt.

Keine Angst: Dieser große Matchbeutel hängt an einem Haken und versteckt alles, bis Sie bereit sind, ihn sich à la Marlon Brando über die Schulter zu hängen und die Waschmaschine zu füttern.

## ZUSCHNITT:

### BEUTEL
60 × 75 cm

Einmal aus Jeansstoff oder Canvas zuschneiden

### SCHLAUFEN
25 × 10 cm

Zweimal aus Jeansstoff oder Canvas zuschneiden

## Kleiner Tipp

Die Größe der Ösen ist abhängig von der Gesamtgröße. Ösenpackungen enthalten das entsprechende Ösenwerkzeug und eine Anleitung.

## MATERIAL:

1 m gestreifter Jeansstoff oder Canvas, ca. 1,20 m breit

2 m weiche Kordel, 6 mm dick

1 Packung Messingösen, 14 mm

Grundausstattung zum Nähen

Lineal

Schneiderkreide/Stoffmarker

Hammer

## Anleitung:

**1** Den Stoff der Länge nach links auf links in der Mitte falten. 6 mm vom Rand jede Seite zusammenstecken und absteppen. Die Nahtzugabe zurückschneiden und die Naht auseinanderbügeln.

**2** Den Beutel auf rechts wenden und die Nahtlinie aus dem vorherigen Arbeitsschritt bügeln. Schritt 1 wiederholen und eine weitere Naht 6 mm vom Rand stecken und absteppen. Dies ergibt eine sehr kräftige, saubere Naht, die nicht ausfranst und als Französische Naht bekannt ist.

**3** Nun mit Lineal und Stoffmarker oder Schneiderkreide in jede untere Ecke des Beutels ein Quadrat mit 7,5 cm Kantenlänge zeichnen.

**4** Untere Naht und Seitennähte ausrichten, beide Lagen zu einem Dreieck zusammenfalten. Die gezeichnete Linie als Richtwert nehmen und quer über das Dreieck absteppen, anschließend auf 12 mm zurückschneiden. Den Beutel auf rechts wenden.

**5** Die Oberkante des Beutels zweimal um je 4 cm nach links umschlagen. Nah an der Kante absteppen.

**6** Die Positionen der Ösen markieren: Sie brauchen mindestens vier auf der Vorderseite und vier auf der Rückseite. Den Stoff kreuzweise einschneiden und anschließend soviel wegschneiden, dass das Loch etwas kleiner als das Loch der Öse ist.

**7** Die Ösen entsprechend der Packungsanleitung einsetzen (siehe Seite 146). Auf einer stabilen Fläche arbeiten und einige Male kräftig mit dem Hammer auf das Ösenwerkzeug schlagen.

**8** Die Kordel so durch die Ösen ziehen, dass die Enden auf der Vorderseite hängen. Zwei Schlaufen nähen, hierzu zwei kleine Teile aus passendem Stoff falten und absteppen und die Schlaufen anschließend in jeweils gleichem Abstand zur Außenkante hinten an den oberen Rand nähen, damit Sie den Beutel daran aufhängen können.

# Badehaube

## ZUSCHNITT:

**29 HAUPTTEIL**

Einmal im Stoffbruch aus dem Oberstoff und einmal im Stoffbruch aus dem Futterstoff zuschneiden

**SCHRÄGBAND**

Einmal die Länge des Kreisumfangs plus 2,5 cm zuschneiden

Ein Vollbad umfasst nicht unbedingt auch eine Haarwäsche: Manchmal möchten wir uns einfach nur erfrischen oder etwas entspannen und mit intakter Frisur wieder aus der Wanne steigen. In diesen Fällen ist eine Badehaube gefragt – es ist jedoch schwierig, eine zu finden, die zum persönlichen Badezimmerlook passt.

Wählen Sie einen Stoff, der Ihnen wirklich gut gefällt, und machen Sie sich rasch an dieses kleine Werk, mit dem Sie sich in der Wanne oder Dusche gleich etwas glamouröser fühlen werden.

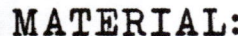

## MATERIAL:

Schnittmusterteil 29 auf dem Schnittmusterbogen F

50 cm Oberstoff, ca. 1,20 m breit

50 cm wasserundurchlässiger weicher Polyesterstoff für das Futter, ca. 1,20 m breit

2 m Schrägband

50 cm weiches Gummiband, 6 mm breit

Grundausstattung zum Nähen (siehe Seite 122)

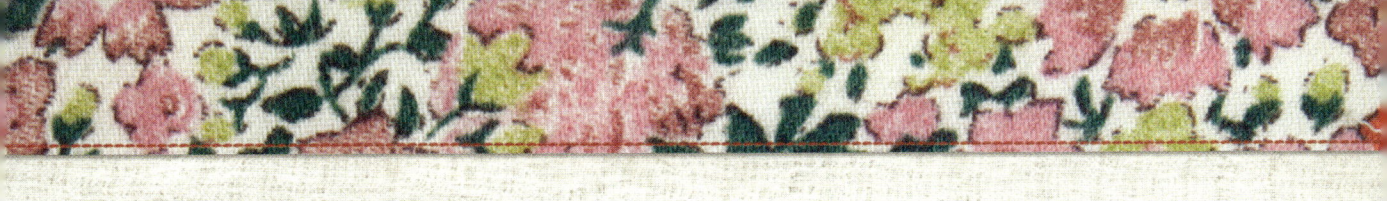

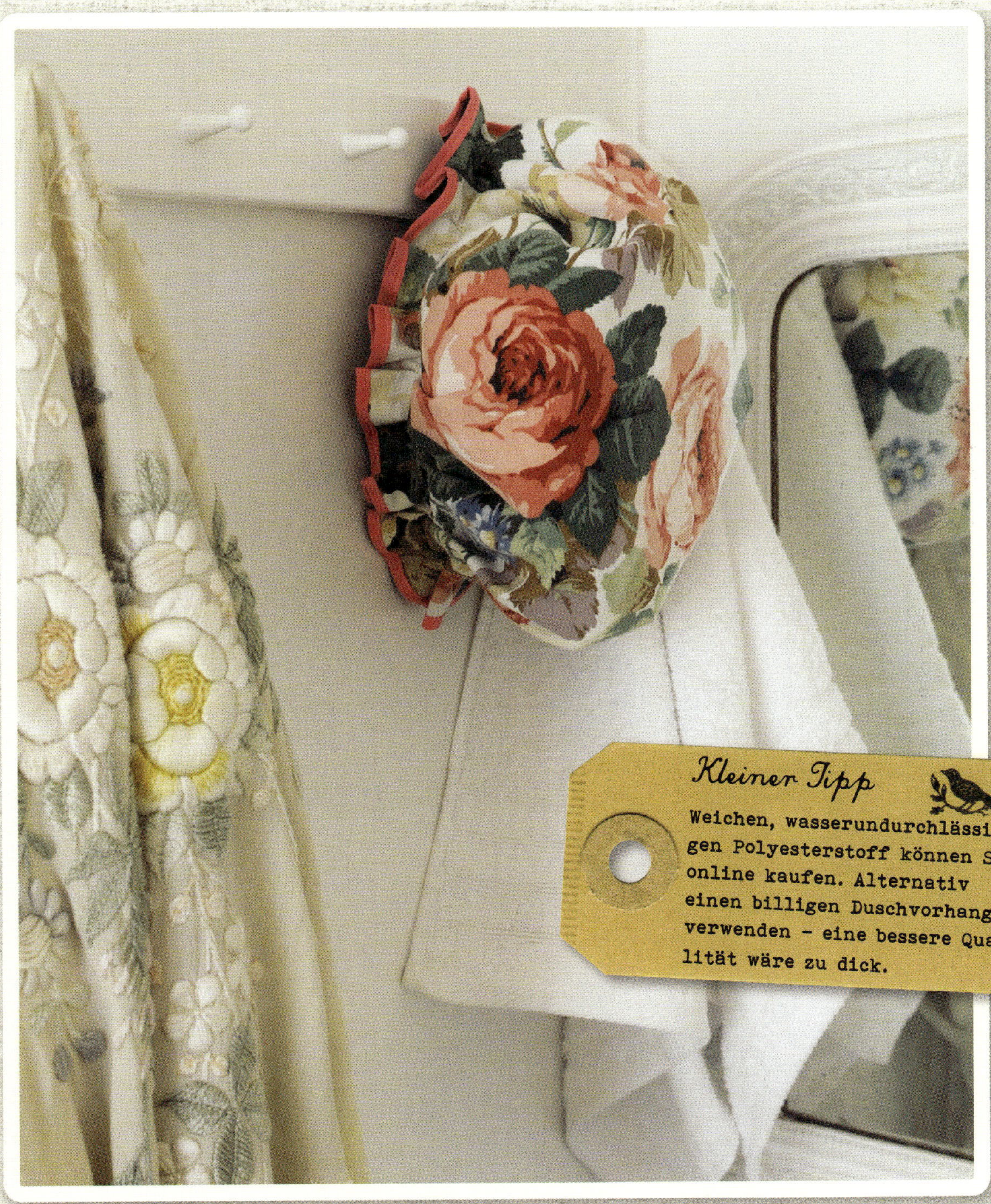

### Kleiner Tipp

Weichen, wasserundurchlässigen Polyesterstoff können Sie online kaufen. Alternativ einen billigen Duschvorhang verwenden – eine bessere Qualität wäre zu dick.

## Anleitung:

**1** Die Kreise aus Oberstoff und Futter links auf links aufeinander legen. An den Kardinalpunkten (Norden, Süden, Osten und Westen) nah an der Kante zusammenstecken. Der Futterstoff liegt oben. Eine Falte des Schrägbands auffalten und das Band mit der rechten Seite nach unten um die Kante legen, anschließend an der Umbruchlinie zusammenstecken, die Enden überlappen sich.

**2** An der Umbruchkante mit einem Garn in Kontrastfarbe zusammenheften und dabei nach und nach die Stecknadeln herausnehmen.

**3** Mit der Maschine an der gehefteten Linie absteppen. Sobald sich der Kreis schließt, die offenen Enden der Einfassung nach innen umschlagen.

**4** Die Einfassung auf die andere Seite umschlagen, sodass beide Stoffe davon umschlossen werden und feststecken. Heften, anschließend absteppen.

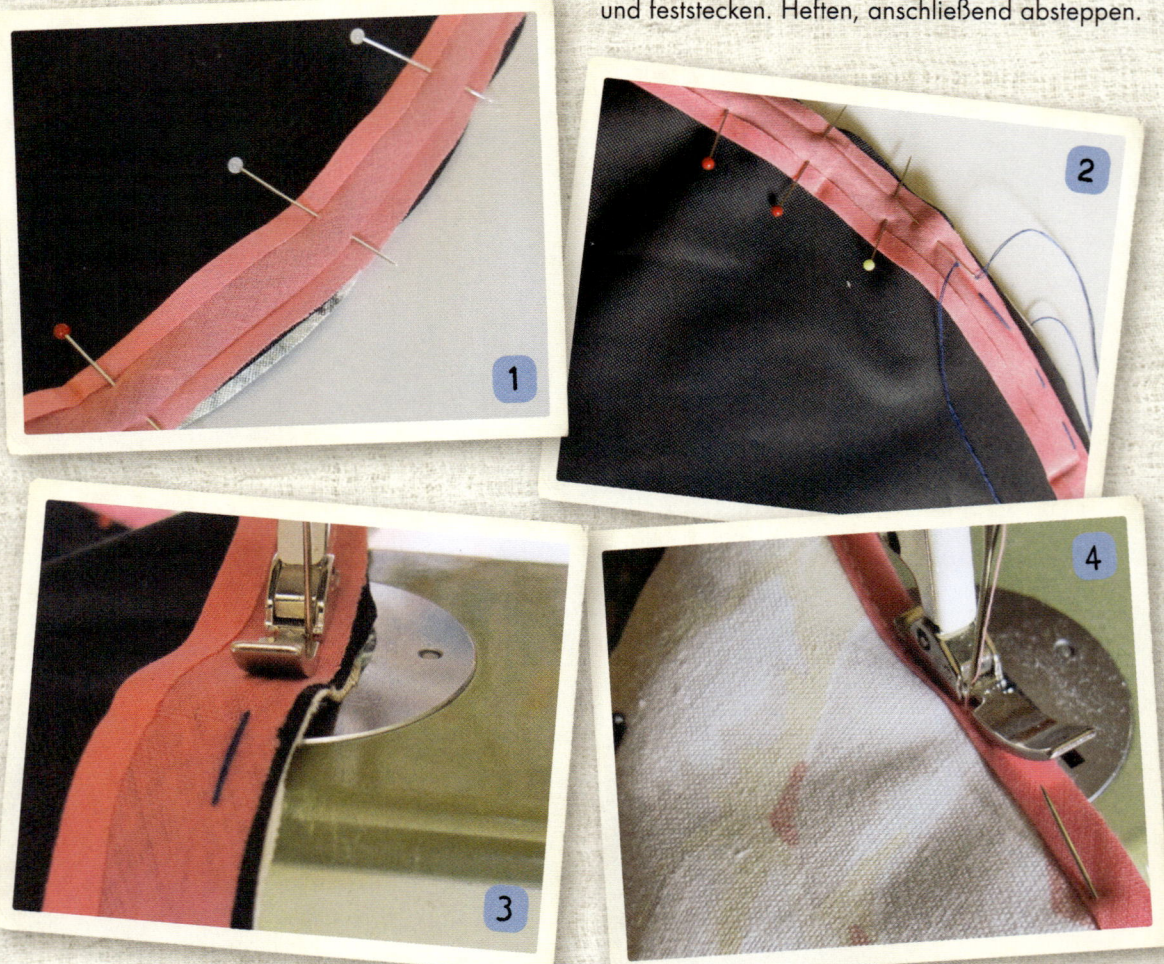

**5** Den Stoff an den Kardinalpunkten in 2,5 cm tiefe Falten legen und stecken, anschließend zwischen diesen Punkten gleichmäßig verteilt weitere Falten stecken. 2,5 cm vom Rand entfernt diese Falten flach zusammenstecken.

**6** Messen Sie nun mit dem Gummiband Ihren Kopfumfang und dehnen Sie das Gummiband dabei. Es soll am Kopf gut anliegen, aber nicht zwicken.

Die entsprechende Länge Gummiband abschneiden und ein Ende 4 cm von der Außenkante mit einer Stecknadel in einer Falte feststecken. Das Gummiband um den gesamten Kreis leicht gedehnt feststecken und anschließend heften. Das Gummiband mit der Maschine langsam und sorgfältig im Zickzackstich festnähen, dabei jeweils mit einer Hand den Gummi dehnen und mit der anderen Hand den Stoff beim Nähen weiterschieben. Wenn die Spannung gelöst wird, hat die Haube nun einen hübschen Kräuselrand.

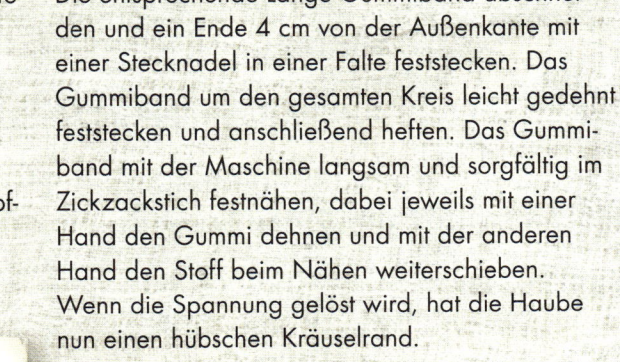

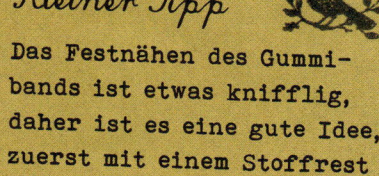

*Kleiner Tipp*

Das Festnähen des Gummibands ist etwas knifflig, daher ist es eine gute Idee, zuerst mit einem Stoffrest zu üben.

# Frisiertasche

Diese hübsche Tasche hält alles ordentlich zusammen, was Sie zum Frisieren brauchen. Wählen Sie einen Stoff mit etwas Struktur, beispielsweise ein Polsterstoff-Leinen, oder füttern Sie die Tasche mit einem dicken Canvas, damit sie ihre Form behält. Gestalten Sie die Innentaschen und Gummibänder nach Ihren persönlichen Bedürfnissen.

## MATERIAL:

Schnittmusterteile 30–35 auf dem Schnittmusterbogen F

50 cm Oberstoff, ca. 1,20 m breit

50 cm Futterstoff, ca. 1,20 m breit

Stoffreste für die Innentaschen

50 cm Gummiband

15 cm langer Reißverschluss, 2,5 cm breit

1 m Seidenripsband oder dicker Canvas oder dickes Leinen, 2,5 cm breit

Grundausstattung zum Nähen (siehe Seite 122)

##  ZUSCHNITT:

**30 HENKEL**
Einmal aus dem Oberstoff und einmal aus dem Futterstoff zuschneiden

**31 AUSSENTASCHE**
Einmal aus dem Oberstoff und einmal aus dem Futterstoff zuschneiden

**32 GRÖSSERE INNENTASCHE**
Einmal aus einem Stoffrest oder Futterstoff zuschneiden

**33 SEITEN**
Einmal aus dem Oberstoff und einmal aus dem Futterstoff zuschneiden

**34 BODEN**
Einmal aus dem Oberstoff und einmal aus dem Futterstoff zuschneiden

**35 KAMMTASCHE**
Einmal aus einem Stoffrest oder Futterstoff zuschneiden

## Anleitung:

1 Dehnen Sie das Gummiband um Ihre üblicherweise genutzten Hairstyling-Produkte, um zu sehen, wie lang es für die Gummischlaufe sein muss, 2,5 cm zugeben. Jedes Ende 12 mm umschlagen, die Schlaufe an ihren Platz auf dem Futterstoff stecken und mit der Maschine annähen.

2 Die große Innentasche rundherum versäubern und eine schmale Nahtzugabe nach innen bügeln. Die Tasche mit der rechten Seite nach unten legen und eine Seite des Reißverschlusses mit der rechten Seite nach unten an die Oberkante stecken und heften. Mit der Maschine mit Reißverschlussfuß

annähen. Die Tasche mit der rechten Seite nach außen an das Frisiertaschenfutter stecken und annähen, dabei an der langen Kante des Reißverschlusses und über die Seiten und die Unterkante der Tasche steppen, um sie festzunähen.

3 Beginnen Sie, rechts auf rechts die Unterkante des Futters mit dem Futter des Bodens zu verbinden, dazu den Stoff etwas einhalten und zusammenstecken. Den Boden an das Futter heften. Die Seitennaht zusammenstecken und nähen. Langsam um den Rand des Bodens nähen, darauf achten, der Rundung genau zu folgen. Diesen Schritt mit dem Oberstoff von Tasche und Boden wiederholen.

**4** Oberstoff und Futter für die Außentasche rechts auf rechts aufeinanderlegen und drei Seiten absteppen. Auf rechts wenden, die offene Kante nach innen umschlagen und bügeln, anschließend die Tasche auf den Oberstoff nähen.

**5** An den langen Kanten von Oberstoff und Futter des Henkels 6 mm umschlagen und bügeln. Oberstoff und Futter rechts auf rechts aufeinanderlegen, einen Streifen Ripsband oder Canvas zur Verstärkung dazwischenlegen und alle vier Seiten absteppen. Den oberen Rand der Tasche 2,5 cm umschlagen, zur Verstärkung einen Streifen Ripsband oder Canvas in den Umschlag stecken und mit der Maschine festnähen.

**6** Die Enden des Henkels innen mit dem oberen Rand des Oberstoffs der Tasche zusammenstecken. Das Futter einfügen, dabei die Nähte auf die des Oberstoffs abstimmen und den oberen Rand der Tasche absteppen, um alle Lagen zu verbinden.

*Kleiner Tipp*

Die Verstärkung am oberen Rand der Tasche und im Henkel ist nicht zu sehen, sorgt jedoch für eine größere Stabilität der Tasche.

# Material und Methoden

# Retrostil und wiederverwertete Stoffe

Das Aufstöbern von Vintage-Stoffen braucht Zeit und Hingabe und kann zu einer Art Sucht werden. Wenn Ihnen Zeit und Muße dafür fehlen, können Sie sich immer noch für einen Retrostil entscheiden. Wählen Sie Stoffe und Verzierungen sorgfältig aus, und recherchieren Sie ein wenig, dann wird es ganz einfach, ein authentisch aussehendes Teil im Retrolook anzufertigen.

## Wiederverwertete Stoffe

Es gibt auf der Welt bereits mehr als genug Stoffe, und Sie wären erstaunt über die Menge, die auf dem Müll landet. Versuchen Sie daher, so oft wie möglich Stoff wiederzuverwerten, indem Sie alte Vorhänge, Tischdecken oder Bekleidung neu verarbeiten. Alternativ können Sie versuchen, Vintage-Stoffe für Ihre Nähprojekte zu kaufen.

Naturstoffe sind besonders gut geeignet für den Retrolook. Sie umfassen Leinen, Seide, Wolle und Pflanzenfasern, wie Baumwolle oder Hanf. Ihre jeweilige Qualität ist gut vorhersehbar – und das Beste von allem: Sie sind zu 100 Prozent biologisch abbaubar.

Echte Vintage-Stoffe stammen sonst woher und selbst saubere Stoffe können muffig oder nach Weichspüler riechen. Daher empfiehlt es sich, solche Stoffe immer gründlich zu waschen und zu bügeln, bevor sie zum Nähen verwendet werden.

Ein Problem bei Vintage-Baumwolle und -Leinen ist das Ausbleichen, da die früher verwendeten Färbemittel weniger farbecht waren. Wenn Sie echten Vintage-Stoff verarbeiten möchten, prüfen Sie die Qualität eingehend, bevor Sie Stunden mit dem Nähen zubringen, denn Ausbleichen kann auch ein Zeichen von Verschleiß sein. Dasselbe gilt für die Farbechtheit – es ist ratsam, diese vor Nähbeginn zu prüfen. Tauchen Sie hierfür eine Stoffecke in eine Schüssel mit heißem Wasser und bewegen Sie den Stoff darin: Bleibt das Wasser sauber, ist alles gut; färbt der Stoff aus, sollten Sie über einen anderen Stoff nachdenken.

## Der Umwelt zuliebe

Inzwischen ist es möglich, recyceltes Nähgarn zu kaufen, fragen Sie Ihren Händler danach und tragen Sie so zur allgemeinen Verbreitung bei.

Bevor Sie Geld für Stoff ausgeben, schauen Sie sich zu Hause einmal um. Alte Bettlaken aus Baumwolle ergeben gute Futterstoffe und können passend eingefärbt werden. Vorhänge lassen sich in Kissenbezüge oder Taschen verwandeln, Wolldecken in gemütliche Kissenhüllen, und Kleider- oder Hemdenstoffe können bei Patchwork-Plaids verarbeitet werden. Die Stoffherstellung kann umweltfeindlich sein, wählen Sie, wann immer es geht, Stoffe aus biologischer Herstellung und aus fairem Handel.

Schauen Sie in Secondhand-Läden, auf Flohmärkten und Basaren nach Vintage-Stoffen.

Wenn Ihnen die Vorstellung unangenehm ist, anderer Leute abgelegte Sachen zu durchstöbern, suchen Sie online. Internetauktionshäuser haben ein ständig wechselndes Angebot an alten Vorhängen, Tischdecken, Hemden und Bettüberwürfen.

## Stoffe im Retrostil kaufen

In jeder Saison kommen neue Produkte in alten Designs auf den Markt, das gilt für jedes Niveau, von erschreckend teuren Polsterstoffen bis zu günstigen und fröhlichen Baumwoll-Polyester-Mischgeweben. Es gibt eine Menge an knalligen Mustern aus den 1950er-Jahren, leuchtende Wirbel- und geometrische Muster aus den 1960er-Jahren sowie klassischere Textilien, wie Futtersackleinen, gewebte Plaids, Drell und traditioneller Tweed.

Neue Stoffe, die mit modernen chemischen Farben gefärbt sind, behalten ihre kräftigen Farben. Inzwischen gibt es auch nachgemachte, im Vorhinein ausgeblichene Vintage-Stoffe in vielen alten Mustern, sodass wir im Schnellverfahren den Look erzielen können, ohne lange nach Originalen suchen zu müssen. Beim Kauf von neuen Baumwoll- oder Leinenstoffen fragen Sie nach sanforisiertem Stoff, andernfalls kann der Stoff beim Waschen einlaufen.

# Grundausstattung

Ein individuell ausgestattetes Nähkästchen ist praktisch, aber Sie müssen nicht unbedingt eines haben, um mit dem Nähen zu beginnen. Jede Kiste eignet sich: Wenn es besonders nostalgisch sein soll, nehmen Sie eine alte Keksdose. Wichtig ist, alles immer ordentlich zu halten. Nadeln können in ein Nadelkissen gesteckt werden, und Nähgarne kommen in eine durchsichtige Box. Die folgenden Utensilien bringen Sie durch die meisten Nähprojekte.

## Nähmaschine

Die alten Nähmaschinen waren aus Metall und verfügten über eine solide technische Ausrüstung. Bei regelmäßiger Nutzung und Pflege hielten sie ein Leben lang. Viele, die auf einer alten Maschine lernen, ziehen es vor, auch weiterhin dabeizubleiben.

Neue Nähmaschinen sind leichter, da viele Metallteile durch Kunststoff ersetzt wurden, wodurch sie beim Nähen dazu neigen, zu vibrieren und sich zu bewegen. Andererseits sind die Motoren leiser geworden und viele Maschinen sind mit Knopfloch- und Stickmusterprogrammen ausgestattet.

Für die meisten Nähprojekte für den Hausgebrauch reicht eine leichte, preiswerte Maschine aus, Vorhänge oder Möbelstoffe verlangen eher ein robusteres Modell, das durch mehrere Stofflagen nähen kann. Kaufen Sie die beste Maschine, die Ihr Budget zulässt. Die meisten sind mit verschiedenen Nähfüßen ausgestattet – ein Reißverschlussfuß sollte nicht fehlen. Wählen Sie eine Maschine, die zu Ihren Bedürfnissen passt – bedenken Sie auch, dass Sie mit zunehmendem Selbstvertrauen möglicherweise mehr Ehrgeiz entwickeln werden.

## Nähmaschinennadeln

Für jede Maschine gibt es Empfehlungen, welche Nadeln verwendet werden sollen, und es gibt auch Universalnadeln, die für die meisten Maschinen passen. Suchen Sie nicht nach den billigsten Nadeln, denn diese können raue Kanten haben, die den Stoff anreißen. Grob gesagt sollte die Nadelstärke dem Gewicht des verarbeiteten Stoffs entsprechen. Testen Sie die Nadel immer mit einem Stoffrest, bevor Sie mit einem Projekt beginnen, um sicher zu gehen, dass sie geeignet ist: Wenn Sie eine dicke, schwere Nadel bei einem zarten Stoff wie Organza verwenden, stehen Sie am Schluss wahrscheinlich mit Löchern im Stoff da.

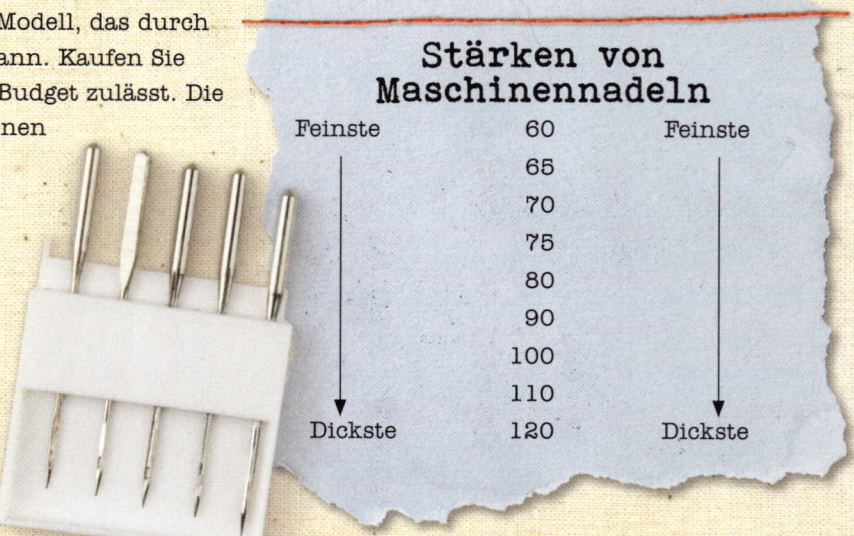

### Stärken von Maschinennadeln

| Feinste | 60 | Feinste |
|---|---|---|
| | 65 | |
| | 70 | |
| | 75 | |
| | 80 | |
| | 90 | |
| | 100 | |
| | 110 | |
| Dickste | 120 | Dickste |

## Nadeln für das Nähen per Hand

Eine Packung Nähnadeln in verschiedenen
Stärken ist alles, was Sie für den Anfang
brauchen. Die Nadelgrößen reichen von
1 bis 10, wobei Stärke 1 die größte und dickste
Nadel ist. Die Standardnadeln sind in lang
und halblang erhältlich und für die meisten
Handnäharbeiten geeignet. Die halblangen
Nadeln sind weniger griffig und werden von
Nähprofis bevorzugt. Sticknadeln mit stump-
fer Spitze und langer Öse werden für das
Arbeiten mit grobem Leinen oder Canvas verwendet. Sticknadeln mit Normalspitze und
langer Öse sind zum Einfädeln mehrfädiger
Seidengarne geeignet. Modistennadeln sind
spitz, lang und nützlich zum Heften.

## Stecknadeln

Stumpfe Stecknadeln können den
Stoff beschädigen, gönnen Sie
sich daher neue, spitze Stecknadeln. Nadeln mit Glas- oder
Kunststoffkopf sind einfach zu verwenden
und gut sichtbar, sodass die Gefahr geringer
ist, eine im Stoff zu vergessen. Alte Packungen
Stecknadeln aus antiken Nähkästchen sehen
gut aus, werden zumeist jedoch rostig und
stumpf sein. Bewahren Sie Stecknadeln in
einem Nadelkissen auf, sodass die Spitzen nie-
mandem schaden können. Extralange Quilt-
Stecknadeln sind nützlich zum Zusammenstecken mehrerer Lagen.

## Maßband

Ein Maßband sollten Sie bei Näharbeiten stets zur Hand haben. Auch ein Lineal ist nützlich.

## Schere

Kaufen Sie die teuerste Schneiderschere, die Ihr Budget zulässt, Sie werden diese Ausgabe nie bereuen. Eine billige Schere wird bald stumpf werden und all Ihre Bemühungen durchkreuzen, akkurat zuzuschneiden. Kaufen Sie eine große Schere für Stoff und eine kleine Stickschere zum Abschneiden von Fäden und für die Kleinarbeit. Investieren Sie auch in eine preiswertere Schere mittlerer Größe zum Ausschneiden von Schnittmustern aus Papier. Nehmen Sie niemals Ihre beste Schneiderschere zum Schneiden von Papier, dadurch würde sie schnell stumpf.

Eine Zickzackschere erzeugt einen gezackten Rand, der nicht so leicht ausfranst und kann zum Versäubern von Nähten nützlich sein (siehe Seite 134). Diese Art Schere ist jedoch nicht für alle Stoffarten geeignet.

## Nahtauftrenner

Ein sehr nützliches Werkzeug – das Ende ist gegabelt mit einer scharfen, längeren Spitze und einer etwas zurückgesetzten Spitze mit einer kleinen Kugel. Der Nahttrenner wird zwischen zwei Stofflagen geschoben und trennt rasch Nähte auf, indem er die Stiche durchschneidet. Zudem eignet er sich zum Aufschneiden von Knopflöchern.

## Schneiderkreide

Schneiderkreide wird aus komprimiertem Talkum hergestellt und hat eine scharfe Kante, mit der man den Stoff vor dem Nähen markieren kann. Sie lässt sich leicht ausbürsten und ist in verschiedenen Farben erhältlich. Eine gute Alternative dazu ist ein selbstlöschender Stoffmarkierstift oder ein Seifenrest.

## Fingerhut

Beim Nähen per Hand muss das stumpfe Ende der Nadel häufig durch den Stoff geschoben werden, ein Fingerhut schützt vor wunden Stellen am Finger.

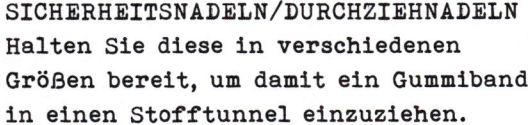

# Nützliche Extras

Die folgenden Hilfsmittel sind nicht unbedingt notwendig, erleichtern Ihnen jedoch das Leben beim Nähen! Mit zunehmender Erfahrung werden Ihnen sicher noch weitere Extras begegnen, die Sie in Ihre Sammlung aufnehmen möchten.

## NADELEINFÄDLER
Diese kleinen Hilfsmittel sind für alle praktisch, die nicht so gut sehen.

## SICHERHEITSNADELN/DURCHZIEHNADELN
Halten Sie diese in verschiedenen Größen bereit, um damit ein Gummiband in einen Stofftunnel einzuziehen.

## AUFBÜGELBARES HAFTVLIES
Es ist nützlich für Applikationen. Die Motive vor dem Nähen auf den Stoff bügeln, dann franst nichts aus.

## AUFBÜGELBARES SAUMBAND
Das Band bindet den Saum nicht nur, sondern gibt ihm auch eine hübsche, klar definierte Kante.

## Nähgarne
Halten Sie einen Vorrat an Garnen mit einer Auswahl an Farben sowie jeweils eine große Rolle in Schwarz, Weiß und Creme bereit. Alte Garnrollen sehen toll aus, werden aber am besten als Deko verwendet, da sie leicht kaputtgehen können und sich dann in der Nähmaschine eine Menge Fussel ansammeln.

Es gibt Baumwoll- und Polyesternähgarne. Sie sind in unterschiedlichen Stärken erhältlich, damit sie sich für die verschiedenen Stoffe eignen. Polyestergarn ist eine Kunstfaser, die für den Gebrauch auf Nähmaschinen entwickelt wurde. Es ist etwas dehnbar.

Kaufen Sie die bestmögliche Qualität. Baumwollnähgarn ist für Naturstoffe ideal geeignet.

*Kleiner Tipp*

Die meisten Menschen, die in einem Kurzwarengeschäft arbeiten, nähen selbst mit Begeisterung – sie können daher wertvolle Tipps geben.

## Bügeleisen
Ein Bügeleisen ist für jedes Nähprojekt unverzichtbar, da man zwischendurch die Nähte auseinanderbügeln muss (siehe Seite 135). Falls der Platz es zulässt, stellen Sie Ihr Bügelbrett mit Bügeleisen neben der Nähmaschine auf, sodass Sie sich problemlos zwischen beiden hin- und herbewegen können.

# Arbeiten mit Schnittmustern

Für einige Projekte in diesem Buch benötigen Sie Papierschnittmuster. Diese finden Sie in Form von Faltblättern hinten im Buch. Sie sind in der Originalgröße gedruckt und gebrauchsfertig. Wählen Sie einfach die benötigten Teile aus, und pausen Sie diese durch. So haben Sie ein Schnittmuster, das Sie immer wieder verwenden können.

## Schnittmusterteile durchpausen

Die Schnittmusterbögen sind auf beiden Seiten bedruckt, daher müssen Sie die Teile durchpausen, um alle verwenden zu können.
Bei jedem Projekt sind in dem Kasten mit den Materialangaben die Nummern der Teile und der Buchstabe des Bogens angegeben.

Zum Durchpausen der Teile können Sie entweder Transparentpapier auf den Schnittmusterbogen legen und die Umrisse nachzeichnen oder mit Schneiderkopierpapier arbeiten. Hierfür benötigen Sie ein Kopierrad und Kohlekopierpapier. Legen Sie das Papier, auf das Sie die Schnittteile zeichnen möchten (ideal ist braunes Packpapier) auf die Arbeitsfläche, legen Sie das Kopierpapier darauf und ganz oben den Schnittmusterbogen. Fahren Sie nun mit dem Kopierrad die Umrisse der Schnittmusterteile nach. Wenn Sie das Kopierpapier wegnehmen, sind die Schnittmusterteile auf das unterste Papier kopiert.

## Stoff zuschneiden

Den Stoff auf eine plane Arbeitsfläche legen und kontrollieren, dass er nirgends Falten wirft. Falls nötig, glatt bügeln. Nun die Schnittmusterteile vor dem Zuschneiden so platzsparend wie möglich auf den Stoff legen.

Ein Schnittmusterteil mit einem langen roten Pfeil, auf dem „Fadenlauf" steht, muss so auf den Stoff gelegt werden, dass dieser Pfeil mit dem natürlichen Fadenlauf des Stoffs übereinstimmt. Das Schnittmusterteil mit dem Pfeil parallel zur Webkante des Stoffs auflegen. Von der Webkante den Abstand zu jedem Pfeilende messen. Wenn dieser Abstand gleich ist, liegt das Schnittmusterteil passend zum Fadenlauf.

In der Zuschneideliste für jedes Projekt steht, wie viele Teile jeweils zugeschnitten werden müssen und aus welchem Stoff. Stecken Sie das Papier auf den Stoff, und schneiden Sie das Teil mit einer scharfen Schneiderschere direkt am Rand aus. Anschließend das Schnittmuster abnehmen und zusammenfalten, damit es bei anderer Gelegenheit wieder verwendet werden kann.

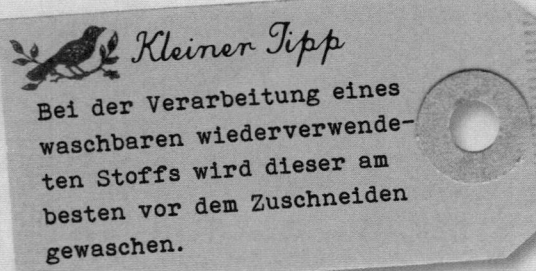

*Kleiner Tipp*
Bei der Verarbeitung eines waschbaren wiederverwendeten Stoffs wird dieser am besten vor dem Zuschneiden gewaschen.

# Eigene Schnittmuster

Wenn Sie ein Lieblingsteil haben, das schon bessere Zeiten gesehen hat, beispielsweise eine Schürze, ein Kissen oder eine Tasche, können Sie Ihre Nähfertigkeiten dafür nutzen, dieses gute Stück nachzunähen.

Hat das Teil tatsächlich ausgedient, trennen Sie die Nähte vorsichtig auf und bügeln sie auseinander. Legen Sie jedes Teil auf braunes Packpapier oder Pauspapier, und zeichnen Sie die Umrisse nach. Vermerken Sie besondere Merkmale, wie Öffnungen oder Knopflöcher.

Die Schnittmusterteile auf den Stoff legen und mit Stecknadeln mit kleinen Köpfen von vorne und hinten an derselben Stelle feststecken. Die Papierteile vorsichtig abnehmen, dabei die Stecknadeln stecken lassen, anschließend die Stecknadeln ersetzen, indem Sie den Stoff mit Schneiderkreide oder selbstlöschendem Stoffmarkierstift markieren.

Soll das Originalteil intakt bleiben, bügeln Sie es und legen es auf das Papier. Die Umrisse nachzeichnen, anschließend 12 mm Nahtzugabe an allen Seiten zugeben.

## Zuschneiden „im Stoffbruch"

Bei einigen Schnittmusterteilen muss „im Stoffbruch" zugeschnitten werden. Stoffbruch und Fadenlauf des Stoffs werden, falls erforderlich, auf dem Schnittmuster angegeben. Den Stoff in der Mitte falten und die Faltlinie auf dem Schnittmuster mit der Faltkante des Stoffs übereinanderlegen. Das Schnittmuster feststecken, darauf achten, dass die Stecknadeln durch beide Stofflagen stechen. Nun den Stoff wie üblich zuschneiden.

# Maschinennähen

Die Erfindung der Nähmaschine hat das Leben der Menschen verändert, und auch im 21. Jahrhundert hat es noch etwas Lebensveränderndes an sich, den Umgang mit einer Nähmaschine zu erlernen. Die Grundzüge sind dieselben geblieben: Ober- und Unterfaden verbinden sich zu Stichreihen, die Stoffe zusammenhalten. Wie praktisch!

## Vor dem Nähen

Auch wenn es verführerisch ist, sich gleich in das erste Projekt zu stürzen, zahlt es sich doch aus, sich etwas Zeit für die richtige Vorbereitung zu nehmen. So spart man sich am Ende vielleicht sogar Zeit und auch Stoff.

Beim Nähen sollten Sie bequem sitzen, mit angelehntem Rücken und den Füßen auf dem Boden. Ein Bürostuhl mit Rollen ist perfekt.

Fussel sind der ärgste Feind einer Nähmaschine. Säubern Sie die Fußplatte, bevor Sie mit dem Nähen beginnen und auch regelmäßig während des Nähens.

Verwenden Sie als Ober- und Unterfaden immer denselben Garntyp in derselben Stärke. Nie Polyester- und Baumwollgarn mischen.

Nähen Sie vor Beginn einige Probenähte auf einem Stoffrest. Probleme mit der Fadenspannung zeigen sich durch Schlaufen im Unterfaden oder Faden, der nicht nach oben transportiert wird, um richtige Stiche zu bilden. Im Handbuch der Nähmaschine steht, wie die Fadenspannung nachgestellt wird.

*Hilfreicher Tipp*

Nähmaschinen müssen geölt werden, damit sie glatt laufen. Lesen Sie im Handbuch nach, und folgen Sie der entsprechenden Anleitung.

## Die ersten Stiche

**1** Den Nähfuß heben.

**2** Den Stoff darunterlegen.

**3** Die Fäden der Nadel und der Unterfadenspule nach hinten ziehen, von der Nadel fort – andernfalls können sie sich beim Nähen in den Stichen verheddern.

**4** Die Nadel über dem Stoff positionieren, dann den Nähfuß senken.

**5** Mit dem Handrad die Nadel auf den Stoff absenken, bevor Sie den Fußhebel betätigen – andernfalls kann sich durch den Ruck beim Starten der Faden aus der Nadel ziehen.

**6** Zuerst die Naht „sichern". Hierzu einige Stiche vorwärts nähen, dann über diese Stiche rückwärts und erneut vorwärts nähen. Am anderen Ende der Naht wiederholen.

## Immer mit der Ruhe

Nähmaschinen lassen sich nicht gerne hetzen. Jede eilig erledigte Aufgabe wird auf eine der drei folgenden Arten unweigerlich schief gehen:

1) Der Unterfaden geht aus und Sie bemerken es erst am Ende der Naht, wenn Sie entdecken, dass diese gar nicht genäht wurde.

2) Die Nadel bricht.

3) Die Fadenspannung, die anfangs perfekt war, wird sich aus unerklärlichen Gründen verändern und auf der Unterseite der Arbeit für Wirrwarr sorgen. Ziehen Sie immer den Stecker heraus, bevor Sie prüfen, warum die Maschine nicht richtig arbeitet. Verhedderte Fäden lassen sich einfach in Ordnung bringen, indem man die Unterfadenspule herausnimmt und die Mechanik von allen Fäden säubert.

# Stecken, Heften und Säumen

Kommen Sie nie in Versuchung, genaues Stecken und Heften auszulassen, nur weil es zeitaufwendig ist. Es lohnt wirklich die Mühe und verhindert, dass sich der Stoff beim Nähen ungewollt verschiebt. Das Säumen ist für alle Nähprojekte ein wichtiger Arbeitsschritt, und es gibt mehrere Möglichkeiten für ein sauberes und ordentliches Ergebnis.

## Stecken

Mit spitzen Stecknadeln immer vorsichtig umgehen; beim Handnähen die Stecknadeln so stecken, dass die Spitzen von Ihnen fort zeigen, dann arbeiten Sie jeweils zum stumpfen Ende hin und können die Nadeln herausziehen, bevor Sie mit dem Finger daran hängen bleiben. Falls Sie sich doch einmal in den Finger stechen, legen Sie die Arbeit beiseite, bis die Gefahr vorüber ist, dass es Blutflecken auf dem Stoff gibt.

Eine Nähmaschine kann nur über Stecknadeln nähen, die im rechten Winkel zur Nahtlinie gesteckt sind, nicht jedoch über Stecknadeln, die in Nahtrichtung gesteckt sind. Entfernen Sie diese Nadeln, bevor der Nähfuß sie erreicht, sonst bricht die Nähnadel.

## Heften

Heften erzeugt einen vorübergehenden Saum, der zwei oder mehr Stofflagen vorbereitend für das Nähen zusammenhält. Heften ist nützlich beim Einsetzen von Reißverschlüssen, beim Angleichen von Mustern und Nähen rutschiger Stoffe wie Satin.

Zum Heften immer ein Garn in Kontrastfarbe wählen, damit es gut zu erkennen und zu entfernen ist. Am Anfang einen Knoten machen und die Nadel von unten einstechen. Anschließend die Nadel immer wieder in gleichmäßigen Abständen nach unten und nach oben durchstechen, damit lange Reihstiche entstehen, und den Faden am Ende mit einem Rückstich sichern. Etwas neben der eigentlichen Nahtlinie arbeiten, um Heft- und Maschinenstiche getrennt zu halten.

## Säumen

Säume können mit der Hand oder der Maschine genäht werden. Der Hauptvorteil beim Handnähen ist, dass Sie es im wahrsten Sinn des Wortes in der Hand haben, wie viele Fäden die Nadel aufnimmt, sodass die Stiche auf der rechten Seite praktisch unsichtbar werden. Handgenähte Säume an Vorhängen können breiter genommen werden, durch das zusätzliche Gewicht fällt der Vorhang besser als mit einem Saum, der mit der Maschine genäht wird.

Maschinengenähte Säume sehen am besten aus, wenn sie schmal sind, da die Möglichkeit dann geringer ist, dass der Stoff sich verschiebt und zusammenzieht.

## Aufbügelbares Saumband

Aufbügelbares Saumband wird zwischen den gefalteten Saum und den Stoff gelegt und zum Fixieren mit einem warmen Bügeleisen gebügelt; folgen Sie dabei den Angaben des Herstellers. Es ist eine einfache Option, aber Vorsicht, es kann auch vertrackt werden! Kontrollieren Sie, dass das Band vor dem Bügeln komplett mit Stoff bedeckt ist. Wenn noch etwas von der Klebeschicht herausschaut, schmilzt es auf der Bügeleisenfläche und lässt sich nur sehr schwer wieder von dort entfernen.

## Saumstich

Dies ist der üblichste Stich für einen Saum. Auf der rechten Seite ist der Saumstich praktisch unsichtbar. Er wird von rechts nach links gearbeitet.

**1** Die zu säumende Kante 6 mm umschlagen, stecken und bügeln, um die offene Kante einzuschlagen; anschließend den Saum erneut auf die erforderliche Breite umschlagen.

**2** Zum Sichern einen Knoten in den Nähfaden machen und die Nadel unter dem Umschlag einstechen und durchziehen, um den Knoten zu verbergen. Einige Fäden aus dem Stoff aufnehmen und die Nadel so im Winkel einstechen, dass sie in einer Linie mit dem ersten Ausstichpunkt wieder herauskommt. Den Saum entlang wiederholen, dabei darauf achten, dass Stichlänge und Einstichwinkel der Nadel immer gleich bleiben. Den letzten Stich zum Sichern doppelt nähen.

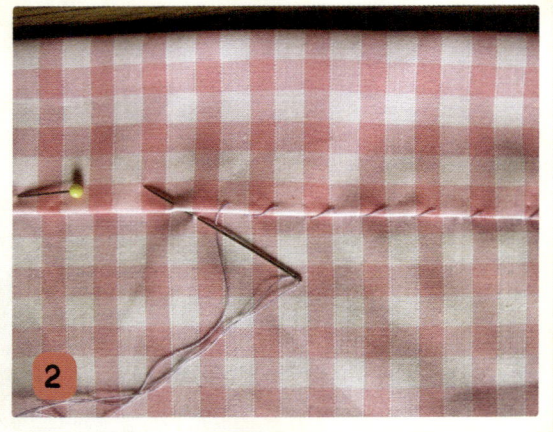

### Hexenstich

Dieser Stich hat etwas „Spielraum" und eignet sich gut für dehnbaren Stoff. Er wird von links nach rechts gearbeitet.

Die zu säumende Kante umschlagen und stecken wie beim Saumstich (siehe Seite 131). Zum Sichern einen Knoten in den Faden machen und die Nadel unter dem Umschlag einstechen und durchziehen, um den Knoten zu verbergen. Die Nadel, eine Stichlänge breit, weiter rechts kurz oberhalb der Umschlagkante einstechen und wenige Stofffäden aufnehmen, dabei die Nadel parallel zur Stoffkante führen, die Spitze zeigt nach links. Die Nadel durchziehen, dann vor der Arbeit in demselben Abstand dasselbe auf dem Umschlag machen. Wiederholen, damit der Zickzackeffekt entsteht.

### Eingefasster Saum

Ein eingefasster Saum wird zur Hälfte mit der Maschine und zur Hälfte per Hand genäht. Er ist praktisch, wenn die Stoffmenge begrenzt ist oder Sie eine kontrastierende, dekorative Kante haben möchten. Verwenden Sie entweder gebrauchsfertiges Schrägband, oder stellen Sie es selbst her (siehe Seite 149).

**1** Eine Seite des Schrägbands aufklappen und so auf die rechte Stoffseite stecken, dass es mit der Stoffkante abschließt. An der ersten Umbruchkante absteppen.

**2** Das Schrägband auf die linke Stoffseite umschlagen, feststecken und dann per Hand im Saumstich festnähen.

# Nähte fertigstellen

Nur weil Nähte auf der Innenseite verborgen sind, bedeutet dies nicht, dass sie nicht etwas Sorgfalt und Aufmerksamkeit bedürfen. Nehmen Sie sich die Zeit, offene Kanten zu versäubern und Nähte auseinanderzubügeln, damit sie flach liegen, dann wird Ihre Arbeit sauberer aussehen und länger halten.

## Nahtdicke reduzieren

Bei einem schweren Stoff können die Nähte zu dick wirken und die Form ausbeulen. Das Zurückschneiden der Nahtzugabe sollte dieses Problem lösen – Sie werden sehen, dass die Nähte viel flacher liegen.

Bei geraden Nähten schneiden Sie beide Nahtzugaben zusammen etwa um die Hälfte zurück (1).

Eine gebogene Naht muss eingeknipst werden, damit der Stoff flach liegen kann. Bei einer Innenrundung ist hinter der Nahtlinie zuviel Nahtzugabe. In diesem Fall knipsen Sie die Nahtzugabe in gleichmäßigen Abständen bis kurz vor der Naht ein (2). So können sich die Stoffstückchen zwischen den Einschnitten leicht überlappen, und die Rundung wird sauberer.

Bei einer Außenrundung hingegen ist hinter der Nahtlinie nicht genügend Stoff und dieser spannt sich. Schneiden Sie in gleichmäßigen Abständen V-förmige Kerben bis knapp an die Nahtlinie, damit sich die Nahtzugabe ungehindert entlang der Rundung ausdehnen kann (3).

## Nähte versäubern

Ist eine Naht genäht, sieht man sie auf der Vorderseite als saubere Linie, die Rückseite hingegen ist möglicherweise weniger ansehnlich. Die meisten Stoffe fransen an der Schnittkante aus, einige mehr, andere weniger. Wenn Sie eine der unten gezeigten Methoden anwenden, können Sie es jedoch vermeiden, dass zu viele Fädchen herumhängen. Diese Methoden schützen die Naht vor Verschleiß und versäubern sie zugleich.

### Auszacknaht

Zickzackscheren bringen einen Zickzackrand hervor, der nicht ausfranst, dies funktioniert jedoch nicht bei allen Stoffen. Am besten nutzt man die Methode bei dicht gewebter Baumwolle und Wollstoffen oder bei Stoffen, die nicht ausfransen, wie Filz und Fleece.

Die Kanten der Nahtzugaben zurückschneiden, dabei möglichst wenig Stoff wegschneiden und sorgfältig darauf achten, nicht durch die Naht zu schneiden.

### Zickzacknaht

Dieser Abschluss eignet sich für die meisten Stoffarten. Kommerziell hergestellte Kleidung und Vorhänge werden mit einer komplizierteren Version des Zickzackstichs versäubert. Dabei kommt eine sogenannte Overlock-Maschine zum Einsatz. Auch für den Hausgebrauch gibt es Overlock-Nähmaschinen, die Anschaffung lohnt sich jedoch nur, wenn Sie vorhaben, sehr viel zu nähen.

Nähen Sie an jeder Kante der Nahtzugabe im Zickzackstich entlang.

## Nahtzugabe im Überwendlichstich versäubern

Falls Ihre Nähmaschine keinen Zickzackstich näht, können Sie die Ränder der Nahtzugabe auch per Hand mit dem Überwendlichstich einfassen.

Arbeiten Sie mit kleinen lockeren Stichen über den Rand der Nahtzugabe, ohne dabei in den darunterliegenden Stoff stechen.

## Bügeln

Bügeln ist bei allen Nähschritten wichtig und zwar vor, während und nach dem Nähen der Nähte. Dabei ist zu bedenken, dass dieses Bügeln nicht ganz dem üblichen Wäschebügeln entspricht: Das Bügeln von Nähten und Umschlägen wird eher in einer Auf-und-Ab-bewegung ausgeführt als in einem langen, glättenden Streichen.

Ein gebügelter Umschlag oder eine gebügelte Naht ist viel einfacher zu nähen – dies zeigt sich auch an der Anzahl der Stecknadeln, die Sie brauchen werden. Ein Saum sollte nie in Angriff genommen werden, ohne dass zuvor der Umschlag gebügelt wurde; selbst widerspenstige Rundungen lassen sich durch ein warmes Bügeleisen in Form bringen.

Sobald eine Naht genäht ist, kann sie auf der linken Stoffseite auseinandergebügelt werden, um Falten und Erhebungen zu eliminieren. Anschließend kann – wenn erforderlich – eine weitere Naht quer darübergenäht werden, und alles ist am richtigen Platz. So sieht man auch besser die Form der Näharbeit, und Sie können nötige Änderungen vornehmen. Überprüfen Sie genau, ob die Bügeleisentemperatur für den Stoff geeignet ist, und bügeln Sie dann die Nähte auseinander, damit sie flach liegen.

Setzen Sie dazu das Bügeleisen eher auf den Stoff, und heben Sie es wieder an, als es über den Stoff gleiten zu lassen wie beim Bügeln von Bekleidung.

*Kleiner Tipp*

Stellen Sie das Bügelbrett in die Nähe Ihres Nähplatzes, damit sparen Sie sich eine Menge Zeit fürs Hin- und Herlaufen.

# Kräuseln

Der Retrolook liebt üppige Umhüllungen, ob bei einer Schürze oder dem Schminktisch. Er weist damit zurück auf die Zeiten, als Mädchen in fülligen Röcken mit schmaler Taille zu den angesagten Melodien aus der Jukebox tanzten.

## Wann und wie gekräuselt wird

Bei der Technik des Kräuselns wird durch das Durchziehen eines Fadens die Weite oben an einem Stoffstück reduziert, sodass der Stoff nach unten weich auseinanderspringt. Gekräuselte Ränder werden immer in eine feste Einfassung oder einen Taillenbund genäht, wie der Bund einer aufgeputzten Schürze oder die Einfassung an einem Lampenschirm. Das Kräuseln eignet sich auch zum Abrunden von Kanten und um Kissen mehr aufzuplustern. Es muss nicht immer ein Stilmerkmal sein, sondern eignet sich auch als praktische Methode, um in der Polsterei den Stoff an den Ecken passend zu machen.

### Kräuseln per Hand

**1** Einen Faden mit einem Knoten an einem Ende in eine Nadel fädeln und an der Oberseite des Stoffs in Reihstichen nähen. Am Ende keinen Rückstich nähen, sondern dieses Ende einfach frei hängen lassen. Eine zweite Reihe ebenso nähen.

**2** An beiden Fadenenden in eine Richtung ziehen, dabei den Stoff in die andere Richtung zusammenschieben. An dem Stoff abmessen, an den der gekräuselte Rand passen soll. Wenn die erforderliche Breite erreicht ist, die Nadel wieder einfädeln und Rückstiche nähen, um den Faden zu fixieren. Den gekräuselten Rand und die Stichreihen in die Einfassung oder den Bund einpassen, zusammenstecken und absteppen.

## Kräuseln mit der Nähmaschine

**1** Die längste Stichlänge einstellen und zwei Reihen nähen, dabei am Anfang der Reihen mit Rückstichen sichern, an den Enden jedoch ein Stück Faden frei hängen lassen.

**2** Den Stoff an dem durch Rückstiche gesicherten Ende festhalten und die beiden Unterfäden mit der anderen Hand aufnehmen. An den Fäden ziehen und den Stoff in die andere Richtung zusammenschieben, bis die erforderliche Breite erreicht ist. Dann die Fäden zusammenbinden, damit sie sich nicht lockern.

**3** Zum Schluss den gekräuselten Rand in die Einfassung oder den Bund einpassen, zusammenstecken und absteppen.

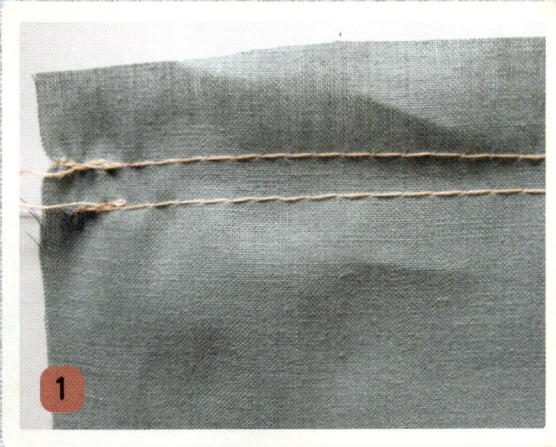

*Kleiner Tipp*

Verwenden Sie kräftiges, hochwertiges Garn, doppelt genommen und fest verknotet, damit die Fäden beim Zusammenziehen nicht reißen.

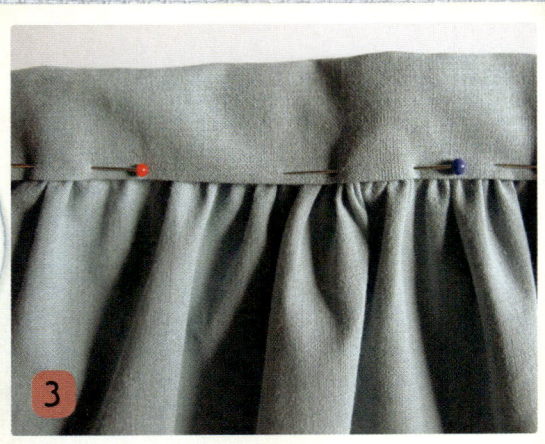

# Verschlüsse

Die meisten Dinge, die wir anfertigen, benötigen irgendeine Art von Verschluss, und dafür gibt es mehrere Optionen. Dabei hängt viel vom Stil und der Funktion ab: Manchmal ist ein verborgener Verschluss einem kräftig bunten Knopf vorzuziehen.

## Knöpfe annähen

Es gibt verschiedene Knöpfe, aber alle gehören entweder zum Typ der Ösen- oder Stegknöpfe, bei denen durch eine vorstehende Öse auf der Rückseite genäht wird, oder zum Typ der Lochknöpfe. Diese sind flach mit Löchern, durch die sie angenäht werden. Lochknöpfe eignen sich für dünnere Stoffe. Dickere Materialien brauchen einen Ösenknopf, um die Höhe des Stoffs unterzubringen, der damit geknöpft werden soll. Lochknöpfe halten sicherer und sehen ordentlicher aus, wenn Sie, wie abgebildet, einen Steg aus Garn arbeiten.

**1** Einen Knoten in den Faden machen und die Nadel von unten durch den Knopf schieben. Den Faden locker lassen und mit der Nadel zurück auf die Rückseite stechen, mehrfach wiederholen. Hat der Knopf vier Löcher, können Sie ihn entweder mit zwei Balken oder über Kreuz annähen. Eine Haarklammer zwischen Knopf und Stoff schieben und die Fäden festziehen. Mehrmals durch den Knopf nähen, dann die Nadel unterhalb des Knopfes herausziehen.

**2** Die Klammer herausziehen, mit dem Faden eine Schlaufe unterhalb des Knopfes legen, die Nadel durchziehen und den Faden festziehen. Mehrmals wiederholen, um den Steg aus Garn zu bilden.

**3** Die Nadel auf die Rückseite der Arbeit durchziehen und anschließend das Fadenende mit mehreren kleinen Stichen sichern.

# Knopflöcher

Das Problem bei einem Knopfloch ist, dass es am Ende des Projekts angefertigt wird – und ein schlechtes Knopfloch das ganze Werk verderben kann. Knopflöcher können mit der Nähmaschine oder per Hand erstellt werden. Der Knopf bestimmt die Größe des Knopflochs, das erst in den Stoff geschnitten wird, wenn die Näharbeiten beendet sind. Eng gearbeitete Stiche verhindern, dass die Knopflochränder ausfransen oder einreißen.

## Maschinengenähte Knopflöcher

Einige Nähmaschinen verfügen über ein geradezu kinderleichtes Knopflochprogramm, das das Leben sehr viel einfacher macht! Andere haben eine 4-Stufen-Knopflochautomatik (A–D oder 1–4) auf einer Wählscheibe.

Fertigen Sie zuerst immer ein Probe-Knopfloch mit dem Faden und dem Stoff an, mit dem es genäht werden soll. Prüfen Sie, ob genügend Faden in der Unterfadenspule ist.

**1** Die Länge und Position des Knopflochs mit Schneiderkreide oder einem Stift markieren.

**2** Bei vielen Nähmaschinen muss zunächst die erste Knopflochposition auf der Wählscheibe eingestellt werden. Der Pfeil zeigt die Nährichtung an. Je nach Modell Ihrer Maschine die Nadel anfangs auf der linken oder rechten Seite des Knopflochs positionieren und bis nach unten bzw. oben nähen. Danach die Wählscheibe auf die zweite Position drehen und einige Stiche über die Oberseite nähen. Die Wählscheibe auf die dritte Position drehen. Die Nadel auf der anderen Seite positionieren und bis nach oben bzw. unten nähen. Die Wählscheibe auf die vierte Position drehen und einige Stiche nähen. Für ein kräftiges Knopfloch alle vier Schritte wiederholen und den Faden zwischen den einzelnen Schritten nicht abschneiden.

*Kleiner Tipp*

Geben Sie beim Nähen eines Knopflochs 6 mm zur Größe des Knopfes, für den es bestimmt ist, dazu.

## Handgenähte Knopflöcher

Arbeiten Sie Knopflöcher im Plattstich (siehe Seite 145), damit sie ein optisch ansprechendes Merkmal werden, und verwenden Sie zwei oder drei Fäden Stickseide in passender oder kontrastierender Farbe. Handgenähtes hat seinen eigenen Charme, seien Sie daher nicht zu hart mit sich selbst, falls Ihre Bemühung nicht aussieht wie von der Maschine genäht – genau das ist ja das Interessante!

**1** Position und Länge des Knopflochs auf dem Stoff markieren.

**2** Einen Knoten in den Faden machen und die Nadel von unten durch den Stoff stechen, und zwar direkt unter der Markierungslinie, dann direkt über dieser Linie wieder einstechen (siehe Plattstich, Seite 145).

**3** Versuchen Sie, die Stiche sauber und gleichmäßig zu halten, beim Nähen um die Ecken die Stiche fächerförmig anordnen.

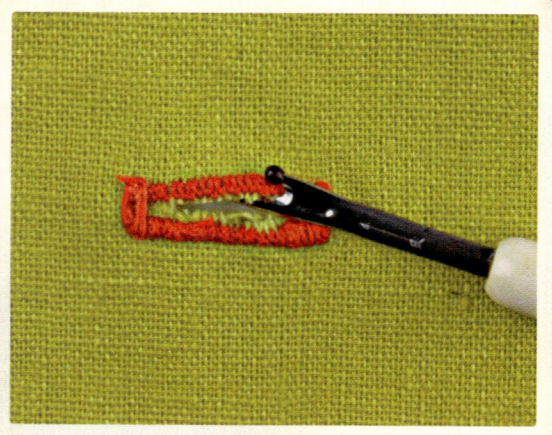

## Knopflöcher schneiden

Schneiden Sie die Knopflöcher sorgfältig auf, schneiden Sie keinesfalls durch einen Stich. Das ideale Werkzeug dafür ist ein Nahtauftrenner: Das scharfe Ende an einem Ende des Knopflochs durch den Stoff stoßen und durch das Knopfloch schieben. Sie können auch eine kleine, scharfe und spitze Schere dafür verwenden. Lose Fäden sorgsam abschneiden.

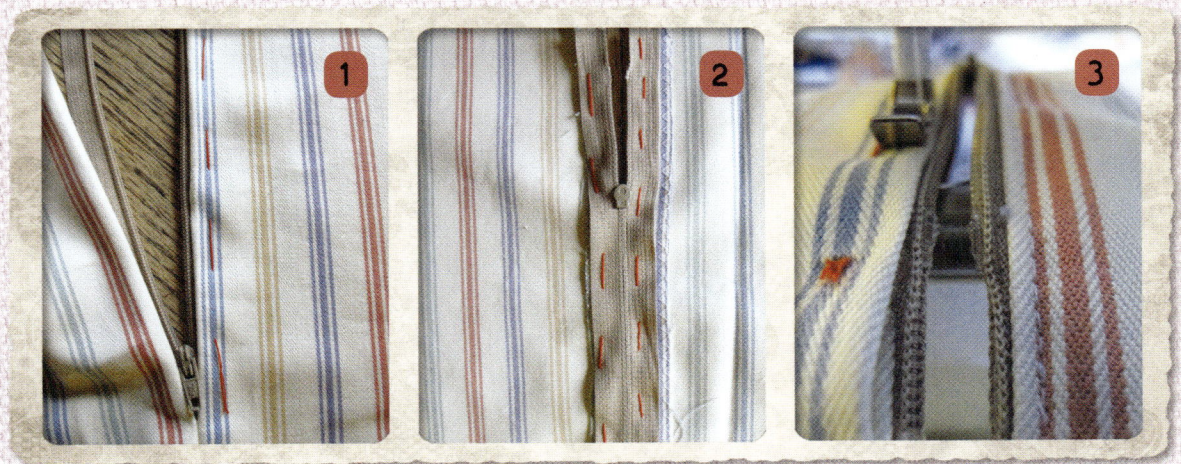

# Reißverschlüsse

Messen Sie besser die Öffnung ab, und kaufen Sie einen passenden Reißverschluss, anstatt zu versuchen, einen Reißverschluss falscher Größe oder falschen Stils einzupassen, nur weil sie ihn bereits haben.

**1** Die Naht nähen, dabei eine Öffnung von der Länge des Reißverschlusses lassen. Die Öffnung für den Reißverschluss an der Nahtlinie heften und auseinanderbügeln. Den geschlossenen Reißverschluss hinter die geheftete Öffnung legen und an die Nahtzugabe heften.

**2** Den Reißverschlussfuß in die Nähmaschine einsetzen und eine Seite des Reißverschlussbands bei geschlossenem Reißverschluss annähen.

**3** Den Reißverschluss öffnen und die andere Seite des Bands annähen.

# Klettband

Dieses Band hat zwei unterschiedliche Seiten: eine mit Nylonhaken und die andere mit weichem Flor.

Um Klettband anzubringen, ein Stück von dem Band abschneiden, dabei beide Seiten aufeinandergedrückt lassen. Die Seiten trennen und die Hakenhälfte annähen. Beide Stoffseiten aufeinanderlegen, anhand der Hakenseite die Position für die Flauschhälfte mit zwei Stecknadeln markieren. Das Flauschteil positionieren, die Stecknadeln herausnehmen und das Band annähen.

## Haken und Ösen

Haken und Ösen haben etwas Altmodisches und sehr Niedliches. Häufig nutzt man sie bei weichen Polstern, um lose Überwürfe zu verbinden, oder um über einem Reißverschluss die Spannung herauszunehmen.

**1** Einen Knoten in den Faden machen und die Nadel von unten durch den Ring der Öse stechen. Nun die Nadel nah am Außenrand einstechen, den Faden jedoch nicht ganz durchziehen – eine Schlaufe lassen. Die Nadel wieder innen von unten nach oben durchstechen. Nun mit der Nadel in die Schlaufe fahren und den Faden fest nach unten am Stoff festziehen. Wiederholen, die Stiche nah nebeneinander setzen.

**2** Den Haken positionieren, hierzu Stecknadeln oder einen Stoffmarkierstift verwenden. Die zu verbindenden Stoffe überlappen lassen, um einen Spalt zwischen den Verschlüssen zu vermeiden.

**3** Haken und Ösen sollten von außen nicht zu sehen sein.

## Druckknöpfe

Es gibt sie in verschiedenen Größen. Sie sind praktisch, um Laschen zu schließen und Badges oder andere abnehmbare Besätze zu befestigen. Um beide Hälften genau zu positionieren, eine Hälfte annähen, die andere Hälfte aufstecken und eine Nadel durch beide Teile und den Stoff auf der Rückseite stecken.

# Stickstiche

Hunderte von Büchern wurden über das Sticken bereits geschrieben, und genau wie alle anderen Handarbeitsarten erlebt es derzeit ein Comeback. Nachfolgend werden einige sehr einfache Stiche gezeigt, mit denen Sie eine individuelle Note erzielen können.

## Rückstich

Er ist sowohl funktionell (der beste Stich, um Nähte per Hand zu nähen) als auch dekorativ (eine wirklich saubere Art, Stickmotive zu umranden). Von rechts nach links arbeiten.

Die Nadel eine Stichlänge vor Ende der Stickreihe von unten nach oben durch den Stoff stechen. Die Nadel am Ende der Stickreihe wieder nach unten durch den Stoff stechen und eine Stichlänge vor dem ersten Ausstichpunkt wieder ausstechen. So oft wie nötig wiederholen.

## Langettenstich

Der klassische Stich zum Versäubern von Kanten, den man bei hübschen alten Decken häufig sieht. Beachten Sie, dass sich der Faden entlang der Kante von Stich zu Stich spannt. Von links nach rechts arbeiten.

Die Nadel an der Stelle von unten durch den Stoff stechen, wo die Stickreihe beginnen soll. Die Nadel ein kleines Stück rechts oberhalb einstechen und eine Stichlänge unterhalb ausstechen, dabei liegt der Arbeitsfaden unter der Nadelspitze.

Eng gesetzt wird der Langettenstich auch für handgenähte Knopflöcher verwendet.

## Kettenstich

Wie der Name schon sagt, bildet dieser Stich Schlaufen, die in einer Reihe gearbeitet eine Art Kette ergeben. Er wird häufig zum Sticken von Blumenstielen verwendet. Von rechts nach links arbeiten.

Am gewünschten Startpunkt des Stichs die Nadel von unten nach oben durch den Stoff stechen, dann an derselben Stelle wieder einstechen. Die Nadel eine Stichlänge links davon ausstechen, den Faden unter die Nadelspitze legen und die Nadel durchziehen. So weitersticken – falls Sie die Schlaufe nicht richtig legen, löst sich die Kette auf.

### Margeritenstich

Er ist eine Variante des Kettenstichs und auch als „Einzelner Kettenstich" bekannt. Mit diesem hübschen Stich lassen sich Blümchen auf praktisch alles sticken – haben Sie erst einmal den Dreh heraus, werden Sie geradezu süchtig danach sein!

Einen Knoten in den Faden machen und die Nadel von unten nach oben durch den Stoff stechen. Hier ist die Mitte des Blümchens. Die Nadel an derselben Stelle wieder einstechen und eine Stichlänge entfernt wieder ausstechen, dabei den Arbeitsfaden unter die Nadelspitze legen und die Nadel durchziehen. Die Nadel über den Faden legen und die Schlaufe mit einem winzigen Stich fixieren, anschließend die Nadel wieder in der Mitte des Blümchens ausstechen und die Schritte wiederholen.

## Knötchenstich

Dieser Stich ergibt einen netten kleinen Höcker und wird meist für die Mitte einer Blüte verwendet.

Die Nadel von unten nach oben durch den Stoff stechen und den Arbeitsfaden zwei- oder dreimal um die Nadel wickeln, stramm ziehen und stramm halten. Die Nadel direkt neben dem Ausstichpunkt wieder einstechen. Es ist hilfreich, den gewickelten Faden mit dem Daumen der nicht stickenden Hand nah am Stoff zu halten, wenn die Nadel wieder eingestochen wird.

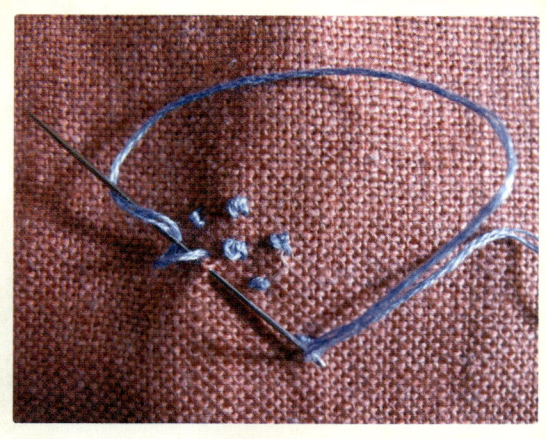

## Hexenstich

Er ergibt einen hübschen Rand. Beachten Sie, wie sich die Stiche oben und unten kreuzen. Von links nach rechts arbeiten.

Die Nadel am unteren Ende des ersten Stichs von unten nach oben durch den Stoff stechen. Ein kleines Stück oben rechts davon wieder einstechen und gleich links von der Einstichstelle wieder ausstechen. Die Nadel diagonal nach rechts wieder zur Grundlinie bringen, parallel zur Kante, die Nadelspitze zeigt nach rechts. Gleich links von dieser Stelle wieder ausstechen. So weitersticken, um den Zickzackeffekt zu erzielen.

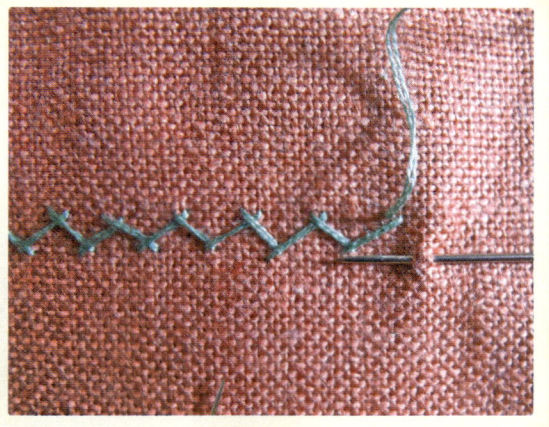

## Plattstich

Mit diesem Stich lassen sich Flächen, wie etwa Blütenblätter, sehr gut ausfüllen.

Es kann hilfreich sein, die Fläche, die ausgefüllt werden soll, mit Schneiderkreide oder einem selbstlöschenden Stoffmarker zu markieren. Die Nadel am unteren Rand der Fläche ausstechen und am oberen Rand wieder einstechen. Solange wiederholen, bis die Fläche ausgefüllt ist, zwischen den Stichen keinen Zwischenraum lassen.

# Ösen

Ösen sind in der Regel aus Messing oder Chrom und recht einfach anzubringen, sobald man herausgefunden hat, welches Teil wohin gehört. Eine Packung Ösen enthält auch ein entsprechendes Werkzeug und eine Anleitung. Es gibt Ösen in verschiedenen Größen, wobei sich die auf der Packung angegebene Größe eher auf die Lochgröße als auf die Gesamtgröße der Öse bezieht. Die rechte Seite der Öse ist glatt, die linke Seite hat einen Zackenkranz.

**1** Den Ösenring platzieren und einen Kreis um ihn zeichnen. In dem Kreis ein Kreuz markieren und mit einem Cutter oder einer kleinen spitzen Schere an den Linien entlang schneiden. Das Innere des Kreises herausschneiden, sodass ein sauberes rundes Loch bleibt, das etwas kleiner ist als die Mitte der Öse.

**2** Das erhabene Mittelstück von der rechten Stoffseite her in das Loch stecken.

**3** Der Ring hat einen glatten und einen zackigen Rand. Den Ring mit dem Zackenrand nach unten über das erhabene Mittelstück schieben. Danach die Öse auf die eingebuchtete Ringhälfte des Werkzeugs legen.

**4** Das Ösenwerkzeug in das erhabene Teil setzen und den Griff fest packen. Mit einem Hammer einige Male fest auf die Mitte schlagen. Das Mittelteil sollte nun flach in den Ring eingeschlagen sein.

# Verzierungen

Abschließende Verzierungen werten jedes Werk durch eine individuelle, farbige Note auf. Wenn Sie im Vintage-Stil arbeiten möchten, sind Verzierungen der Schlüssel zum passenden Look. Dicke Baumwollfransen an einem Vorhang im Bad oder eine Pomponborte rund um ein Kissen genäht, sind typisch für die 1950er-Jahre, eine Paspel in Kontrastfarbe war in den 1960er- und 1980er-Jahren „in".

## Zackenlitze

Sie ist eine der bleibendsten und beliebtesten Borten. Es gibt sie in verschiedenen Breiten, von der winzigsten Schlangenlinie bis zur ausgeprägten Wellenlinie, wobei einige runder oder eckiger sind als andere. Es lohnt sich, bei jeder Vintage-Packung zuzugreifen, denn die Farbpalette in den 1950er-Jahren war sehr groß. Die Retromode sorgte dafür, dass diese Litze wieder produziert wird und heute auch neu bei den meisten guten Kurzwarenhändlern oder online erhältlich ist.

Um eine Zackenlitze per Hand anzunähen, die Nadel von hinten durchstechen und von jeder Zacke oben und unten jeweils einen Faden nehmen. Beim Maschinennähen durch die Mitte der Zackenlitze nähen.

## Pomponborte

Pompon- oder Bommelborte ist in verschiedenen Größen und Farben erhältlich. Damit lässt sich der untere Rand eines Rollos, ein Kissenrand oder der Deckel einer Box sehr schön verzieren. Bei einem Rollo mit passendem Garn das flache Band oben und unten absteppen. Bei einem Kissen das Band in der Naht verbergen, sodass nur die Pompons zu sehen sind. Bei einer Box das Band entweder an den Deckel nähen oder mit einem Kraftkleber ankleben.

Die Pomponborte wird befestigt wie eine Paspel (siehe Seite 151), also rund um die Kante der Kissenvorderseite gesteckt, wobei die Bortenkante mit der offenen Kante des Kissens übereinander liegt.

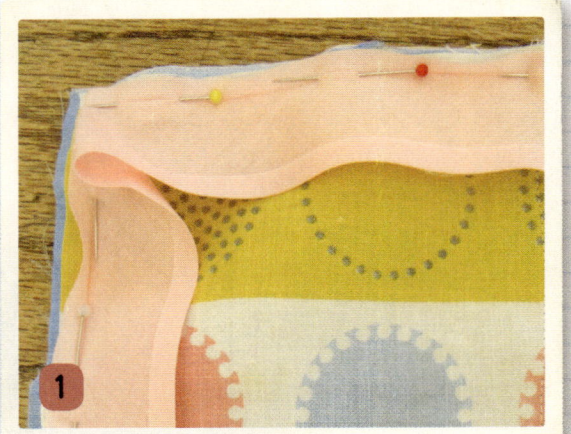

# Schrägband

Schrägband kann sowohl funktional als auch dekorativ sein. In passender Farbe innen angebracht, sorgt es für eine sehr saubere Fertigstellung einer offenen Kante. Wenn Sie es hingegen in einer Kontrastfarbe außen verwenden, wird es zu einem Design-Element. Farbiges Schrägband definiert die Kante, und da es schräg zugeschnitten ist, dehnt es sich eher schräg als mit oder gegen den Fadenlauf, sodass es auch sehr gut an Rundungen und Rüschen einsetzbar ist.

Schrägband können Sie fertig kaufen oder selbst herstellen.

### Schrägband anbringen

**1** Das Schrägband aufklappen. Die offenen Kanten von Schrägband und Stoff rechts auf rechts aufeinanderlegen, zusammenstecken. Sie können das Band auch noch heften, wenn Sie möchten.

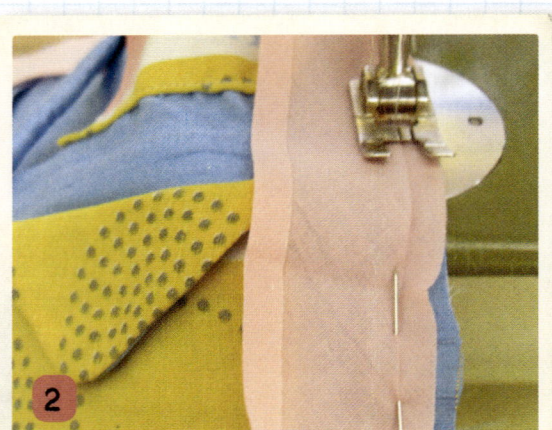

**2** An der ersten Umbruchkante mit der Maschine absteppen.

**3** Das Band auf die Rückseite der Arbeit umschlagen, sodass die offene Stoffkante in der Umbruchkante liegt. Per Hand im Saumstich festnähen.

## Schrägband selbst herstellen

Die erforderliche Stoffmenge ist erstaunlich gering, es müssen jedoch mehrere diagonale Streifen zusammengesetzt werden, um die erforderliche Länge zu erhalten. Streifen, die aus der Mitte zugeschnitten werden, sind am längsten und nützlichsten, da sie weniger Verbindungsnähte haben.

**1** Den Stoff diagonal von Ecke zu Ecke falten und die Falte bügeln. Mit einem Lineal Linien mit 5 cm Abstand parallel zu der Faltkante zeichnen. Entlang dieser Linien die Stoffstreifen zuschneiden.

**2** Zwei Streifen so rechts auf rechts legen, dass die Innenkanten einen rechten Winkel bilden. Dort, wo sich die Streifen überlappen, absteppen.

**3** Das Band an der Nahtlinie nach hinten umschlagen und die Naht auseinanderbügeln. Anschließend die beiden langen, offenen Kanten nach innen umschlagen und bügeln, dann das Band der Länge nach in der Mitte falten und erneut bügeln.

## Paspel

Eine Paspel ist ein wirklich hübscher Abschluss
für Kissen und andere Projekte, bei denen
eine gut definierte Kante erwünscht ist. Sie
kann aus passendem oder kontrastierendem
Stoff angefertigt werden. Sie brauchen dafür
Schrägband (fertiges oder selbst hergestelltes,
siehe Seiten 148–149) und eine Kordel, die es
in verschiedenen Stärken gibt.

Um zu ermitteln, wieviel Kordel Sie brauchen, messen Sie rund um das Teil, an dem Sie
die Paspel anbringen möchten und geben 5 cm
zum Überlappen zu.

### Paspel herstellen

Eine Paspel kann fertig gekauft werden, es ist
jedoch oft schwierig, genau das Passende zu
finden. Die Lösung ist, sie selbst herzustellen
– es ist einfach und darüber hinaus sehr
befriedigend, Stärke, Farbe und Muster selbst
bestimmen zu können.

**1** Die Kordel in die Mitte des Schrägbands legen.

**2** Das Band umschlagen und nah an der Kordel
zusammenstecken, anschließend mit einem Reißverschlussfuß direkt an der Kordel entlangnähen.

## Paspel an einem Kissenbezug anbringen

Die meisten von uns fangen mit Kissenbezügen ohne Paspel an – wer jedoch einmal damit gearbeitet hat, kennt kein Zurück mehr! Eine Paspel gibt dem Ganzen mehr Struktur, Definition, Kontrast und eine gewisse Klasse.

**1** Die Paspel auf der rechten Seite des Kissenvorderteils so entlang der Kante stecken, dass die offene Kante des Schrägbands und die offene Kante des Kissenbezugs genau übereinanderliegen. Die Stoffkante an den Ecken bis kurz vor der Naht einknipsen, damit sich die Paspel problemlos anpasst. An der Kante entlangnähen, den Reißverschlussfuß dabei direkt an der überzogenen Kordel entlangführen. Dort, wo sich die Enden der Kordel treffen, etwas Kordel abschneiden, um die Paspel flach zu halten.

**2** Die Rückseite des Kissenbezugs rechts auf rechts auf die Vorderseite legen. Erneut entlang der Außenkante nähen, den Reißverschlussfuß wieder eng an der Kordel entlangführen. Das Kissen mit Paspel auf rechts wenden.

# Nähbegriffe

Unbekannte Begriffe können für Verwirrung sorgen und den einen oder anderen Anfänger sogar entmutigen. Obgleich die meisten Nähbegriffe, denen Sie in diesem Buch begegnen, beschreibend und selbsterklärend sind, listen wir nachfolgend einige auf, bei denen es sich lohnt zu verstehen, worum es geht.

**Absteppen** Hierbei handelt es sich um eine sichtbare Stichreihe auf der Außenseite eines Teils. Damit werden Stoffteile zusammengenäht, und eine Innennaht wird verstärkt wie beispielsweise bei Jeans.

**Ausfransen** Es bezeichnet diese lästigen kleinen Fädchen an einer offenen Kante. Wenn Sie durch einen Stoff schneiden, nimmt die Spannung in den Kettfäden ab, dadurch entsteht das Ausfransen. Stofffäden zerfasern, bis sie auf eine Stichreihe treffen, besonders bei einem locker gewebten Stoff. Im Handel gibt es ein Produkt namens Fransenstopp, das bei Applikationen sehr praktisch sein kann, wenn man nicht diese vielen kleinen Kanten umschlagen möchte.

**Beleg oder Besatz**
Stellen Sie sich ein ärmelloses Kleid vor, das auf links gewendet ist: Der Stoff um Hals- und Armausschnitte wird als Beleg oder Besatz bezeichnet. Eine sehr saubere Art, alle offenen Kanten einzufassen.

**Blindsaum** Ein handgenähter Saum, bei dem die Nadel immer nur einen einzelnen Faden aus dem Stoff aufnimmt – von der rechten Seite ist er praktisch unsichtbar.

**Einlage** Dieser spezielle Stoff, meist aus gepresster Baumwolle oder Polyester, wird zwischen Oberstoff und Futter eingesetzt, um bestimmte Stoffteile, wie Krägen oder Manschetten, zu versteifen oder den Stoff, etwa an einem Knopfloch, zu verstärken. In der Regel wird eine Einlage aufgebügelt. Die aufbügelbare Einlage schmilzt unter der Hitze des Bügeleisens und verbindet damit zwei Stoffe; dies ist praktisch für Applikationen. Einlagen sind auch als schnelle Saumlösung geeignet, wobei die Hitze eines Wäschetrockners sich allerdings negativ auswirken kann. Die als Meterware erhältlichen Einlagen werden beim Quilten und Polstern auch dazu eingesetzt, Stoffen mehr Fülle zu verleihen.

**Fadenlauf** Er beschreibt die Richtung von Kett- und Schussfäden. Bei Schnittmustern wird gelegentlich angegeben, dass mit oder gegen den Fadenlauf zugeschnitten werden soll. „Mit dem Fadenlauf" bedeutet der Länge nach, „gegen den Fadenlauf" bedeutet quer.

**Französische Naht**
Zwei Teile werden zuerst durch eine Naht auf der rechten Stoffseite miteinander verbunden, anschließend wird das Teil gewendet und entlang der Naht gebügelt. Nun wird eine zweite Naht auf der linken Seite der Arbeit genäht, sodass die offenen Kanten der ersten Naht darin versteckt werden. Mit einer französischen Naht wird ein ungefüttertes Teil wie der Wäschebeutel auf Seite 106 ordentlicher und stabiler. Sie ist besonders für sehr dünne, durchsichtige Stoffe praktisch, da die offenen Kanten komplett umschlossen sind und nicht ausfransen können.

**Fußpedal** Das Pedal fungiert als Start/Stopp- und Tempokontrolle einer Nähmaschine.

**Heften** Diese provisorischen, handgenähten Reih- oder Vorstiche halten Stoffe vor dem Maschinennähen akkurat zusammen. Nehmen Sie dafür ein Garn in Kontrastfarbe, damit die Stiche zum Auftrennen gut sichtbar sind.

**Hitze reflektierende Einlage** Diese spezielle Einlage wird bei Projekten verwendet, die einen besonderen Hitzeschutz erfordern, etwa Bügelbrettbezüge oder auch Topfhandschuhe.

**Kettfaden** Die Längsfäden eines Webstoffs; sie sind nicht dehnbar.

**Naht** Stichreihe, die zwei Stoffstücke zusammenhält

**Nahtzugabe** Stoffbreite zwischen der Schnittkante und der Stichreihe

**Nähfuß** Der Nähfuß hält den Stoff beim Maschinennähen gleichmäßig unten.

**Offene Kante** So wird die Schnittkante vor dem Säumen bezeichnet.

**Rückstich** Beim Maschinennähen wird dieser am Anfang und Ende einer Naht gearbeitet, indem über etwa fünf Stiche zurückgenäht und an-schließend wieder vorwärts genäht wird. Dies sichert die Naht und verhindert, dass sie sich auftrennt.

Beim Handnähen ist dies ein zugleich funktionaler (der beste und stabilste Stich, um Nähte per Hand zu nähen) und dekorativer Stich; siehe Seite 143.

**Saum** So nennt man die umgeschlagene und per Hand oder Maschine genähte offene Kante. Ein breiter Saum hat mehr Gewicht und trägt dazu bei, dass der Stoff besser fällt.

**Schrägband** Die schmalen, gefalteten Stoffstreifen werden schräg zugeschnitten. Schrägband kann selbst hergestellt (siehe Seite 149) oder fertig gekauft werden. Es wird verwendet, um offene Kanten einzufassen und einen sauberen, dekorativen Abschluss zu bilden.

**Schräger Fadenlauf** Der diagonale Fadenlauf eines Stoffs, liegt im 45°-Winkel zum geraden Fadenlauf. Die größte Dehnbarkeit hat ein Stoff in der Diagonalen; dies gibt den Vintage-Teekleidern ihre sagenhaft fließende Form.

**Schussfaden** Die Schussfäden laufen quer über die Breite des Stoffs und verkreuzen sich mit den Kettfäden. Schussfäden geben bei Dehnung leicht nach.

**Spule** So wird die kleine Metall- oder Kunststoffspule, die in der Nähmaschine den Unterfaden aufnimmt, genannt.

**Stichplatte** Die abnehmbare flache Platte an der Nähmaschine befindet sich über der Spulenkapsel.

**Transporteur** Das ist die gezahnte Vorrichtung unter der Stichplatte einer Nähmaschine, die den Stoff weitertransportiert.

**Webkante** Die dicht gewebte Seitenkante eines Stoffballens, die nicht ausfranst; sie entsteht durch den Richtungswechsel der Schussfäden, die auf dem Webstuhl um den Kettfaden eine Schlaufe bilden.

# Blogs

So paradox es scheint, das Zeitalter des Internets hat zu einer gewaltigen Wiederbelebung des Interesses für Handarbeiten beigetragen. Enthusiasten in aller Welt haben hier eine Plattform gefunden, auf der sie ihr Wissen und ihre Erfahrung teilen können. Nutzen Sie dies zu Ihrem Vorteil, und teilen Sie anschließend Ihr Wissen wieder mit anderen!

Es gibt Hunderte von Nähblogs und nachdem sie zumeist von kreativen Liebhabern erstellt werden, gibt es keine Garantie dafür, dass sie auf dem Laufenden gehalten werden. Bei einigen Blogs werden Sie zum Shop des Verfassers weitergeleitet, andere teilen großzügig ihre Tipps und Schnittmuster. Einige sind sehr lehrreich und informativ, andere wunderbar persönlich und unkonventionell.

Starten Sie eine Internetsuche nach Nähblogs und schnuppern Sie überall hinein, bis Sie Ihre persönlichen Favoriten gefunden haben. Webseiten wie Folksy und Etsy sind Online-Shops für Handarbeits- und Bastelbedarf und liefern auch Inspirationen, falls Ihnen einmal die eigenen Ideen ausgehen.

**www.burdastyle.de**
Seit Jahrzehnten produziert Burda Schnittmuster, und auch ihr Blog im Stil des Magazins hat Aufmerksamkeit verdient.

**www.pattydoo.de/blog/**
Viele Tipps und Tricks rund ums Thema Nähen, dazu gibt es Schnittmuster, Nähanleitungen und Videotutorials für Nähbegeisterte und Anfänger.

**http://regenbogenbuntes.blogspot.de**
Hier findet sich Buntes aus Stoff und Garn, mit Tutorials und Stickideen.

# Bezugsquellen

Früher hatte jede kleine Stadt ein oder zwei Fachgeschäfte für Stoffe und Kurzwaren, dann kam das Nähen jedoch aus der Mode, und viele Läden mussten schließen. Die gute Nachricht: Nähen erlebt ein großartiges Comeback!

Auch wenn wir heute praktisch alles online kaufen können, wissen wir doch alle, dass nichts besser ist, als beim Durchstöbern die Farben im Original zu sehen und die verschiedenen Texturen zu fühlen, während wir von den möglichen Verwendungen träumen. Die fast noch bessere Nachricht: Es eröffnet wieder eine ganze Reihe von Geschäften – schauen Sie sich daher in Ihrem Viertel um, denn das Nähen wird sich wieder behaupten.

## www.stoffe.de

Stoffe für jeden Verwendungszweck, Leder und Bastelfilz sind in diesem Shop ebenso zu finden wie Nähzubehör und Kurzwaren. Auch Nähpakete, Stoffzuschnitte für Patchworkarbeiten und Nähanleitungen werden geboten.

## www.charlottas.de

Ein Online-Shop, der Stoffe, Kurzwaren und alles für Stickarbeiten anbietet – besonders praktisch: Man kann im Stoffsortiment nach Farben und nach Muster suchen. Fündig wird auch, wer sich für Westfalenstoffe interessiert.

## www.frautulpe.de

Stationär unterhält Frau Tulpe zwei Ladengeschäfte in Hamburg und Berlin. Aber auch der Online-Shop bietet allerfeinste Stöffchen, eine Riesenauswahl an Borten, Bändern und anderen Kurzwaren. Bestens geeignet zum Stöbern!

## www.stoffn.de

Ein Shop der besonderen Art: Hier kann man seinen eigenen Stoff kreieren. Es stehen unterschiedliche Stoffqualitäten zur Auswahl, die nach Wunsch mit den unterschiedlichsten Mustern gestaltet werden können. Für alle, die etwas Einzigartiges suchen.

## www.volksfaden.de

Der Berliner Stoffladen bietet in seinem Online-Shop ein breites Sortiment an Stoffen ausgewählter Baumwollstoffe an, die von zeitgenössischen Designern aus Europa, den USA und Japan entworfen wurden.

## www.stoffmariechen.de

Vintage-Stoffe in Hülle und Fülle sind in diesem Shop zu haben. Sortiert nach Muster oder Dekade der Entstehung werden hier nostalgische Stoffträume wahr. Borten, Knöpfe und Kurzwaren aus vergangenen Zeiten ergänzen das Sortiment.

## www.stoff-and-co.de

Im Shop gibt es ein Riesenstoffangebot, zu dem auch Liberty-, Retro-, Vintage- und Ökostoffe gehören. Daneben findet man auch ein kleines Sortiment an Schnitten. Wer lieber vor Ort stöbern mag, kann im Ladengeschäft in München fündig werden.

## www.zugeknoepft.de

Wer Knöpfe sucht, kommt an diesem Online-Shop nicht vorbei! Es gibt sie in allen Farben, Formen und Materialien, schlicht oder ausgefallen. Aber auch Verschlüsse jeglicher Art, Bänder, Borten und Spitzen sowie Schnittmuster werden geboten.

## www.knopf-boutique.de

Über 7000 sofort lieferbare Knöpfe liegen in diesem Shop bereit. Ob aus Metall, Holz, Strass, Leder, Horn oder schlichtem Kunststoff – hier findet jeder den richtigen Knopf.

## www.dawanda.de

Es lohnt sich allemal, hier zu stöbern. Neben einem Riesenangebot an Stoffen gibt es jede Menge Kurzwaren und Nähzubehör. Auch bei Schnittmustern wird man fündig.

## www.stoffmarktholland.de

Der Stoffmarkt tourt von Frühjahr bis Herbst quer durch Deutschland. Neben festen Händlern beteiligen sich auch lokale Stoffhändler an den jeweiligen Standorten, sodass ein umfangreiches Angebot an Stoffen, Kurzwaren und Schnittmustern zu finden ist. Die Termine sind auf der Website zu finden.

# Dank

### Dank der Autorin

Ich möchte mich bei Stewart und Rupert für ihre Geduld bedanken und verspreche, dass nun alle Nähutensilien vom Küchentisch verschwinden werden.

Meine nützlichsten Nähbücher, auf die ich zurückgegriffen habe, waren ein abgenutztes Exemplar von *The Batsford Book of Sewing* von Ann Ladbury (herausgegeben 1967) und *The Reader's Digest Complete Guide to Needlework* (herausgegeben 1983).

### Dank des Herausgebers und Bildnachweis

Ein herzlicher Dank für die Hilfe bei den Requisiten, für die Unterstützung und die Örtlichkeiten für die Fotos in diesem Buch geht an: A und Y Cumming Ltd., Lewes, Virginia Brehaut, Emma Foster, Emma Kennedy, Jenny Statham und Harry, Rhoda Barker und Christian Funnell von The Old Forge in South Heighton.

Die in diesem Buch verwendeten Stoffe stammen von Liberty Art Stoffe Tana Lawn, erhältlich unter www.liberty.co.uk: Seite 1 Carline; Seiten 36–39 Capel; Seiten 58–61 Poppy und Honesty; Seiten 66–69 Fairford; Seiten 74–77 Wiltshire; Seiten 78–83 Capel R; Seiten 88–91 Wiltshire; Seiten 96–99 Capel; Seiten 106–109 Wiltshire; Seiten 110–113 Dora.

Die Schritt-für-Schritt-Fotos stammen von Sally Walton. Weitere Fotos von Tim Clinch und Gilda Pacitti. Bildrecherche: Hedda Roennevig.

# Impressum

ISBN 978-3-572-08186-8

I. Auflage
© 2015 by Bassermann Inspiration, einem Unternehmen der
Verlagsgruppe Random House GmbH, 81673 München

Copyright © 2012 by GMC Publications
Text © Sally Walton, 2012
Fotos: Tim Clinch

Die englische Originalausgabe erschien erstmals 2012 bei GMC Publications unter dem Titel Home
Sewn Home. Diese Übersetzung des Buches (ISBN 9781861088406) beruht auf einer vertraglichen
Vereinbarung mit GMC Publications Ltd.

Projektkoordination dieser Ausgabe: Dr. Iris Hahner
Umschlaggestaltung: Atelier Versen, Bad Aibling
Übersetzung: SAW Communications, Mainz, Christa Trautner-Suder
Redaktion und Producing: SAW Communications, Redaktionsbüro Dr. Sabine A. Werner, Mainz
Herstellung: Sonja Storz

Verlagsgruppe Random House FSC® N001967

MIX
Paper from
responsible sources
FSC® C016973

Druck und Bindung: 1010 Printing

Printed in China

# Register